LA PROSPERIDAD DE LOS IMPÍOS

UN ESTUDIO DEL SALMO 73

Jim Osman

Kootenai Community Church Publishing
Kootenai, Idaho

Otros libros de Jim Osman

Verdad o Territorio:

Un Acercamiento Bíblico a la Guerra Espiritual

Selling the Stairway to Heaven:

Critiquing the Claims of Heaven Tourists

Este libro es una autopublicación de James C. Osman II y
Kootenai Community Church.

Título en inglés: *The Prosperity of the Wicked*
Traducción: Fernando Mérida C.

Editor: Diedre Osman

Diseño de cubierta provisto por Josh Comstock:
http://peaceharbor.co

Para obtener noticias sobre el ministerio de
Kootenai Community Church, visite:

http://www.TruthOrTerritory.com
http://www.KootenaiChurch.org

Alojamiento web provisto por Thomas Leo:
http://www.TLCWebHosting.com

ISBN-13: 978-0-9984550-1-3
Kootenai Community Church Publishing

Primera edición: marzo del 2017

Dedicatoria

Este libro está dedicado a los santos amorosos y fieles llenos de gozo que se congregan como Kootenai Community Church, quienes me permiten servirles con gozo como un consiervo de Jesucristo.

Nota para el lector

¡Gracias por comprar este libro! Es mi oración que bien valga la pena el sacrificio de tiempo y dinero. Probablemente así será. Después de todo, solamente es tiempo y solamente es dinero. El tiempo pasará, sea que lo lea o no, y no podrá llevarse el dinero con usted. Hablando de dinero, debe saber que TODAS las ganancias obtenidas de la venta de este libro (como también de mis otros libros) van a los fondos de construcción de Kootenai Community Church. Desde el 2002, nos hemos estado reuniendo en una instalación alquilada, mientras trabajamos en la construcción de un nuevo templo para albergar nuestra adoración y nuestro ministerio. Nos comprometimos a hacer esto sin endeudarnos, y ha sido un largo proceso (actualmente estamos en el 2016). Hemos confiado en la provisión de Dios y Él gentilmente nos ha dado lo que necesitamos en el momento en que lo necesitamos. Aunque es un sacrificio organizar y limpiar cada fin de semana, los creyentes en Kootenai han sido fieles y flexibles en todo. Incluso después de que nos mudemos a nuestro nuevo edificio, habrá trabajo que hacer para terminar la construcción. Entonces, mientras esté vivo, los ingresos de mis libros se destinarán a la construcción de nuestra instalación. Después de que muera, irán a mi esposa y a mis hijos. Si en algún momento se entera de que morí, le ruego que vaya y compre otra copia de este libro. ¡Hágalo por los niños! ☺

Índice

Reconocimientos

Nunca me salto los reconocimientos en ninguno de los libros que leo. Generalmente, puedo darme cuenta a partir de las primeras líneas si el autor simplemente proporcionará una aburrida y poco creativa lista de personas que tuvieron parte en la obra, o si dará honor a quien se lo merece de forma considerada, agradable y a veces humorística. Yo podría optar por lo primero, pero en realidad ese no sería mi estilo. Así que, espero que esto sea como lo segundo.

En primer lugar, quiero agradecerle a usted, querido lector, por comprar este libro y tomarse el tiempo de leerlo. Sé que se sacrifican tiempo y recursos valiosos, y oro para que sea abundantemente recompensado con las siguientes páginas.

Hay algunas personas que han estado directamente involucradas en la producción de este libro. De no haber contado con su ayuda, mi trabajo hubiese aumentado enormemente. Mis agradecimientos a Jenny Leo, que gentilmente se tomó el tiempo de editar estos capítulos antes de que aparecieran por primera vez en el boletín informativo de Kootenai Community Church. Mi secretaria, Marcia Whetsel, trabaja diligentemente para evitar que tenga trabajo innecesario en mi escritorio y que se me siga cayendo el cabello, de modo que tenga un poco de tiempo cada semana para trabajar en la escritura. Sin su servicio diligente, continuamente me hundiría en distracciones y frustraciones. Kootenai Church tiene la bendición de contar con mucho talento creativo y técnico. Entre esas bendiciones se encuentra Josh Comstock. Él es el diseñador responsable de la portada.

Sigo siendo bendecido por los santos que se congregan como Kootenai Community Church. Su amor, apoyo y aliento son usados por Dios en mi propia santificación y mi propio crecimiento. Esperan con gozo cada descanso que tomo de mi predicación para poder escribir. La pausa de tres semanas del desaliento de Eclesiastés que tomé para terminar este libro fue recibida con una euforia entusiasta. Es una gran bendición poder servir a este increíblemente maduro y talentoso cuerpo de creyentes. ¡Gracias a todos!

Mis compañeros ancianos, Cornel Rasor, Dave Rich y Jess Whetsel, solo aumentan mi gozo en el servicio a los santos de Kootenai Community Church. Su amistad, su comunión y su fidelidad a la verdad me inspira y me humilla. No son solamente colegas: son amigos, y amigos muy queridos, por lo demás. Su fidelidad a Cristo es un ejemplo para todos aquellos a quienes guían y sirven. ¡Que Dios nos conceda muchos años más de servicio juntos!

Cada día de mi vida es una prueba de que las palabras de Proverbios 18:22 son verdad: “El que halla esposa halla algo bueno y alcanza el favor del SEÑOR”. De casualidad tengo una que es virtuosa y cuya estima sobrepasa largamente a la de las piedras preciosas (Proverbios 31:10). Su contribución a la calidad de este libro es inconmensurable. Con amor, habilidad y dedicación ha leído cuidadosamente cada una de las palabras que se encuentran en estas páginas, no solo una, no solo dos, sino cuatro veces distintas para garantizar que el libro que tiene en sus manos sea ameno. Ella revisa mi ortografía, mi gramática y mi tono en un esfuerzo constante por evitar que todos se den cuenta que se casó con un payaso. Créame que es un esfuerzo constante. Algún día, el secreto saldrá a la luz.

Por último, si bien no menos importante, con alegría agradezco a Aquel que me ha provisto de incalculables e inmerecidas bendiciones. Agradezco al Dios y Padre de nuestro Señor Jesucristo por salvarme, santificarme y guardarme hasta el mismo final. “Porque yo sé en quién he creído, y estoy convencido de que es poderoso para guardar mi depósito hasta aquel día” (2 Timoteo 1:12). Jesucristo es “el bienaventurado y único Soberano, el Rey de reyes y Señor de señores; el único que tiene inmortalidad y habita en luz inaccesible; a quien ningún hombre ha visto ni puede ver. A Él sea la honra y el dominio eterno. Amén” (1 Timoteo 6:15–16).

¡Soli Deo Gloria!

En cuanto a esta traducción al español, estoy muy en deuda con el arduo trabajo, la perseverancia y la habilidad de Fernando Mérida, de la editorial "Gracia y conocimiento". Por la buena providencia de Dios, Él hizo que nuestros caminos se cruzaran, y esta traducción es el fruto de su devoción a Dios y la verdad. Que Dios use esto en gran manera para el avance de Su reino y la edificación de Sus santos entre los pueblos de habla hispana.

Prefacio

La prosperidad de los impíos es un dilema desconcertante para los justos en todas las edades. La Biblia proporciona la respuesta a este dilema en términos claros y convincentes.

Nuestra angustia frente al éxito de los impíos y el sufrimiento de los justos se debe exclusivamente a una mala perspectiva. Si no contamos con el mismo punto de vista que Dios en cuanto a la prosperidad, nos preguntaremos por qué es que aquellos que lo odian parecen recibir la mayor parte de sus bendiciones. Es solo cuando entramos en el santuario de Dios que llegamos a entender la necesidad de evaluar correctamente esta aparente injusticia. Para responder este enigma, Dios no cambia las circunstancias. Él cambia nuestro entendimiento de dichas circunstancias. Fue este cambio de perspectiva lo que sacó a Asaf de su devastadora crisis de fe y lo llevó a una firme confianza en la bondad de Dios para con los suyos. En este libro, usted viajará junto con Asaf desde su crisis de fe, pasando por el santuario de Dios y hasta una felicidad segura.

La estructura de este libro sigue detenidamente el esquema del Salmo 73.

La Parte 1 abarca el texto del Salmo 73:1-14, y examina "El desconcertante problema de la prosperidad" desde el punto de vista y la experiencia de Asaf. En los capítulos del 1 al 5 se da un vistazo a los impíos en toda su gloria y opulencia. Las injusticias de la vida en este mundo se describen con todos los detalles frustrantes. Les daremos un vistazo a las realidades tortuosas que tanto irritaron a Asaf.

En la Parte 2 se examina el Salmo 73:15-28 y se explica "La perspectiva correcta sobre los prósperos", que es cuando Asaf adquirió un punto de vista teocéntrico en cuanto a la prosperidad de los impíos. En los capítulos del 4 al 6 veremos el "fin", tanto para los impíos como para los justos. Es un "fin" que explica todas las injusticias.

A medida que vamos avanzando, abordaremos algunos temas relacionados con el texto: la justicia de Dios, el significado de prosperidad, la realidad del infierno y otros. En el Salmo 73 se proporciona un aliento abundante para el hijo de Dios en el mundo de hoy. Acompañemos a Asaf al santuario de Dios y aprendamos de Su bondad para con los puros de corazón.

Salmo 73:1: "Ciertamente Dios es bueno para con Israel, para con los puros de corazón".

¡Soli Deo Gloria!

Introducción:
Un Salmo importante

¿Por qué prosperan los impíos? Todos nos lo hemos preguntado. Nuestras interrogantes con respecto a esta gran inequidad de la vida se presentan de muchas maneras. Nuestras frustraciones tienen muchas formas distintas de expresarse. Puede que la humanidad esté separada por el idioma, la cultura, la política, el color de la piel o las fronteras, pero hay una cosa que nos une a todos: todos hemos conocido la frustración de ver a los impíos prosperar.

Ver a personas malvadas hacer cosas malas no es algo que ocurre únicamente en una sola cultura. Tampoco lo es ver a personas malvadas hacer cosas malas y salirse con la suya. Igual de universal es ver a las personas malvadas hacer cosas malas y no solo salirse con la suya, sino que prosperar en su maldad y gracias a ella.

A veces ocurre de formas inofensivas y molestas, pero triviales, como ver que le hagan una falta a su equipo deportivo favorito en un punto crucial del juego. A la herida se le agrega un insulto cuando ve que repiten la injusticia una y otra vez en cámara lenta desde todos los ángulos posibles, a la vez que incluso los comentaristas "imparciales" admiten que a los árbitros se les escapó una decisión importante. Cuando el equipo transgresor obtiene una ventaja y llega a ganar el partido, posiblemente debido al penal fallido, no puede evitar sentir que una tremenda injusticia ha hecho pedazos la tela del continuo espacio-tiempo (al menos, hasta que su equipo logre zafarse de una injusticia igual o mayor).

He notado esto entre los amantes del deporte: somos propensos a no ver las injusticias que nos benefician con el mismo tipo de indignación moral que vemos en aquellas que benefician a otros. He visto suficientes partidos de fútbol americano con amigos cuyo equipo favorito es el contrario al mío como para observar esto, sin duda alguna en mí mismo. Aún no he visto a nadie ponerse de pie, gritarle al televisor y quejarse de una falta cuando a su equipo favorito "se le pasa una". Probablemente es por eso que amo el deporte: saca lo mejor y lo peor de nosotros.

La injusticia y la falta moral de un equipo o un jugador que hace trampa son intrascendentes cuando se las compara con las injusticias más grandes de la vida. Cuando un dictador tiránico gobierna su país con puño de hierro y acaba con toda disidencia, libertad e incluso voluntad de vivir, nos enfurecemos legítimamente. Cuando vemos al gobernante de Corea del Norte asesinar a sus adversarios políticos, matar de hambre a su gente, cometer genocidio, violar a las mujeres y abusar de los niños, vislumbramos la verdadera injusticia y la verdadera maldad. Cuando vemos que tales hombres prosperan debido a aquellas acciones, nuestras sensibilidades morales se enardecen.

En comparación con un dictador que mata de hambre a niños, a la vez que él vive con una riqueza inimaginable, el defensa lateral de la NFL que juega sucio y es la sensación del partido es algo bastante leve. Adivine de cuál de los dos nos la pasamos hablando.

La prosperidad a lo largo de la historia

¿Por qué prosperan los impíos? Los ejemplos abundan. Usted puede nombrar bastantes. Yo puedo nombrar bastantes. En este libro, voy a incluir varios de estos ejemplos.

Los ejemplos abundan no solamente en nuestros días, sino que en toda la historia de la humanidad. Si fuera a viajar al pasado a cualquier era de la historia de la humanidad, no solo descubriría que los malhechores parecen prosperar en su maldad, sino que encontrará a hombres y mujeres justos haciéndose la pregunta "¿Por qué esto es así?".

Job tenía todas las razones del mundo para preguntarse por qué prosperaban los impíos. Él era "intachable, recto, temeroso de Dios y apartado del mal" (Job 1:1).[1] Dios le dijo a Satanás: "¿Te has fijado en mi siervo Job? Porque no hay ninguno como él sobre la tierra, hombre intachable y recto, temeroso de Dios y apartado del mal" (1:8). Job destacaba entre todos los hombres debido a su santidad y piedad.

Sin embargo, Job sufrió la pérdida de todas las cosas. Por la mano soberana de Dios, Job perdió su ganado (1:13-17), sus hijos (1:18-19) y su propia salud y comodidad (2:7-9), una cosa después de la otra. Para empeorar las cosas, su propia esposa no le resultó ni de ánimo ni de consuelo (1:9-10), y los tres amigos que llegaron a consolarlo solamente le echaron sal en las heridas, ya que lo acusaron de todo tipo de espantosos pecados secretos. La experiencia de Job parecía ser una enorme injusticia cósmica.

Job notó que aunque él, que era un hombre recto, sufría, los impíos no. De hecho, los impíos estaban a salvo y prosperaban. Además, parecía que su seguridad y su prosperidad eran la bendición de Dios sobre ellos.

---

1. Escrituras tomadas de *LA BIBLIA DE LAS AMÉRICAS®*, Copyright © 1986, 1995, 1997 por The Lockman Foundation. Usado con permiso. www.LBLA.com

Job 12:5-6:
5 El que está en holgura desprecia la calamidad,
como cosa preparada para aquellos cuyos pies resbalan.
6 Las tiendas de los destructores prosperan,
y los que provocan a Dios están seguros,
a quienes Dios ha dado el poder que tienen.

¿Qué podía ser más injusto que el sufrimiento de Job, en comparación con la seguridad y la prosperidad de aquellos que provocaban a Dios?

Job volvió a tocar este tema en el capítulo 21, en respuesta a la afirmación de Zofar, quien dijo que "es breve el júbilo de los malvados, y un instante dura la alegría del impío" (20:5). Zofar afirmó sobre los impíos que: "No dura su prosperidad... Esta es la porción de Dios para el hombre impío, y la herencia decretada por Dios para él" (20:21, 29).

Hubiese sido difícil no entender el punto de Zofar. Él sostenía que en esta vida los impíos reciben lo que se merecen, y que los justos son bendecidos por Dios. Ya que Job estaba sufriendo algunas de las mismas cosas que Zofar decía que recibían los impíos, la inferencia era obvia: Job estaba sufriendo debido a su pecado.

Job contraargumentó señalando que eso casi nunca ocurre de la manera en que lo estableció Zofar.

Job 21:7-13:
7 ¿Por qué siguen viviendo los impíos,
envejecen, también se hacen muy poderosos?
8 En su presencia se afirman con ellos sus descendientes,
y sus vástagos delante de sus ojos;
9 sus casas están libres de temor,
y no está la vara de Dios sobre ellos.

10 Su toro engendra sin fallar,
su vaca pare y no aborta.
11 Envían fuera a sus pequeños cual rebaño,
y sus niños andan saltando.
12 Cantan con pandero y arpa,
y al son de la flauta se regocijan.
13 Pasan sus días en prosperidad,
y de repente descienden al Seol.

¡Eso difícilmente suena como una vida dura! Parece ser que los impíos disfrutan todo tipo de bendiciones, comodidades y deleites. ¿Acaso pierden los impíos su ganado, su sustento y sus hijos, todo en el mismo día? No. Su ganado prospera. Sus descendientes se afirman delante de sus ojos. No terminan sus vidas en un intenso sufrimiento como el que Job estaba padeciendo. En cambio, su muerte es repentina y rápida, ya que son arrancados de la opulencia sin ningún tipo de sufrimiento ni pérdida. ¡Y eso no es todo!

Job 21:14–16:
14 Y dicen a Dios: "¡Apártate de nosotros!
No deseamos el conocimiento de tus caminos.
15 ¿Quién es el Todopoderoso, para que le sirvamos,
y qué ganaríamos con rogarle?"
16 He aquí, no está en mano de ellos su prosperidad;
el consejo de los impíos lejos está de mí.

Los impíos disfrutaron de toda su prosperidad a pesar de su rebelión abierta contra Dios, Su verdad y Sus caminos. Los impíos que Job describió no vieron ninguna ventaja en conocer a Dios, ni en el servicio a Él. Cuando dijo que "no está en mano de ellos su prosperidad", se refería a que fue Dios quien les había dado esa prosperidad. Por último, Job sabía que Dios fue quien les dio todas las cosas a todos los hombres. Si cualquier hombre, incluido el impío, disfrutó de cualquier tipo de bien terrenal, fue gracias a la mano de Dios.

Job 21:17-20:
17 ¿Cuántas veces es apagada la lámpara de los impíos,
o cae sobre ellos su calamidad?
¿Reparte Dios dolores en su ira?
18 ¿Son como paja delante del viento,
y como tamo que arrebata el torbellino?
19 Decís: «Dios guarda la iniquidad de un hombre para sus hijos».
Que Dios le pague para que aprenda.
20 Vean sus ojos su ruina,
y beba de la furia del Todopoderoso.

Con aquellas preguntas, desafió directamente la aseveración de Zofar en cuanto a que "es breve el júbilo de los malvados".

Job preguntó: "¿En serio?". "¿Cuántas veces es apagada la lámpara de los impíos? ¿Cae sobre ellos su calamidad? ¿Realmente sufren la ira de Dios debido a su pecado?". Puede que Zofar responda que Dios castigará a sus hijos en Su ira (v. 19), ¿pero es realmente eso de consuelo? ¿No sería más justo que Dios hiciera pagar a los mismos impíos para que conozcan la justicia de Dios?

Las observaciones de Job suenan tan actuales como los titulares de esta mañana.

Habacuc y Jeremías

El profeta del Antiguo Testamento, Habacuc, lidió con el mismo dilema. Él expresó su indignación justificada sobre el pecado en la tierra y clamó a Dios para que se encargara de los impíos, y en Habacuc 1:2-4 dijo:

2 ¿Hasta cuándo, oh Señor, pediré ayuda,
    y no escucharás,
clamaré a ti: ¡Violencia!
    y no salvarás?
3 ¿Por qué me haces ver la iniquidad,
    y me haces mirar la opresión?
La destrucción y la violencia están delante de mí,
    hay rencilla y surge discordia.
4 Por eso no se cumple la ley
    y nunca prevalece la justicia.
Pues el impío asedia al justo;
    por eso sale pervertida la justicia.

Dios le informó a Habacuc que, a pesar de las apariencias, Él en realidad iba a juzgar el pecado por el cual se lamentaba Habacuc. Dios estaba levantando a la nación de Babilonia para ese mismo propósito. Ellos serían el instrumento escogido por Dios para llevar el juicio sobre la nación desobediente. Esto solo hacía que el problema de Habacuc fuese mayor, dado que los caldeos eran aún más impíos que Israel. ¿Cómo podía Dios juzgar la maldad de Israel con una nación incluso más inicua?

Habacuc 1:13–17:
13 Muy limpios son tus ojos para mirar el mal,
    y no puedes contemplar la opresión.
¿Por qué miras con agrado
    a los que proceden pérfidamente,
y callas cuando el impío traga
    al que es más justo que él?

¿Cómo pudo Dios permitir que una nación incluso más malvada triunfara sobre su propio pueblo? En efecto, Israel era pecaminoso, pero ¡¿los caldeos?! Los caldeos fueron un pueblo profano e idólatra que alababa a sus falsos dioses por todos sus triunfos militares y la abundante fortuna de la cual disfrutaban (1:14-17). Hacían que los judíos más retorcidos parecieran unos santurrones.

Habacuc estaba luchando con este mismo problema: ¿por qué prosperan los impíos (caldeos)? Para Habacuc era algo personal, ya que la prosperidad de los caldeos sería obtenida a costa suya y a expensas de las personas que él quería.

Jeremías se enfrentó a la misma invasión de los caldeos que describió Habacuc. Jeremías dijo:

> Justo eres tú, oh Señor, cuando a ti presento mi causa; en verdad asuntos de justicia voy a discutir contigo. ¿Por qué prospera el camino de los impíos y viven en paz todos los que obran con perfidia? (Jeremías 12:1)

Estos varones han expresado en palabras los pensamientos que muchos de nosotros hemos tenido. Ver a los impíos prosperar mientras que los rectos sufren aflicción es algo irritante para los justos. Estas preguntas desconcertantes han sido formuladas por hombres de todos los continentes, de todas las culturas y de todos los siglos. Es suficiente como para hacer que incluso el más recto creyente cuestione la justicia de cómo Dios trata con los hombres.

Comprensión de la perspectiva de Dios

La Biblia no solamente plantea estas interrogantes, sino que además las contesta. Dios nos ha proporcionado Su perspectiva sobre la prosperidad de los impíos. Hay un pasaje en particular que es el foco de este libro: el Salmo 73.

La Biblia tiene mucho que decir en cuanto al dinero, las riquezas y la prosperidad. La Biblia también tiene mucho que decir en cuanto al sufrimiento y la aflicción. Dios ha revelado la verdad sobre los impíos y su destino final. El Salmo 73 focaliza mucho todas las enseñanzas de las Escrituras con respecto a estos temas. Dios no nos ha ocultado información con respecto a estos desconcertantes asuntos. Él nos ha dado Su perspectiva.

De usar nuestros propios recursos, jamás podríamos resolver este confuso problema. Solamente con el uso de la sabiduría humana y la razón humana, jamás podríamos comprender correctamente esta aparente gran injusticia. Jamás podríamos entender por qué aquellos que pecan y desprecian la ley de Dios prosperan en su rebelión, ni por qué aquellos que aman a Dios y le sirven parecen sufrir y prescindir de dicha prosperidad. Abandonados a nuestro propio entendimiento, jamás entenderíamos por qué la vida fácil recae sobre los hijos de Satanás y la vida difícil sobre los hijos de Dios. ¿Quién sería suficiente para estas cosas?

Necesitamos una revelación. Necesitamos que Dios responda esto, y lo ha hecho. Cuando comprendamos la perspectiva de Dios, veremos la abundante prosperidad de los impíos por lo que realmente es. No la envidiaremos. No desearemos que sea nuestra. Cuando tengamos la perspectiva de Dios podremos afirmar que "ciertamente Dios es bueno para con Israel, para con los puros de corazón" (Salmo 73:1).

Presentación del Salmo 73

El resto de este libro será una exposición del Salmo 73. No deje que el término "exposición" lo asuste. Esto simplemente significa que voy a "exponer" el texto mediante la explicación del significado y de la aplicación de este salmo tan importante.

He dividido el salmo en sus diversas secciones temáticas. En cada capítulo, se explicarán y se aplicarán dichas secciones de manera progresiva.

Este libro es el resultado de dos sermones que prediqué sobre el Salmo 73 en mayo del 2014. Descubrí que la enseñanza y la teología de este salmo era tan rica, que tuve dificultades para dejar que solo fueran dos sermones.[2] Hubo tanto material valioso que quedó sin editar en la preparación del sermón que decidí escribir un libro sobre el salmo. Este salmo es tan profundo que no podía dejarlo ahí.

Dado que todo lo que sigue es una exposición del salmo, será útil tener una breve introducción del salmo, su autor, su tema y su bosquejo.

El autor

El Salmo 73 comienza con estas palabras: "Salmo de Asaf". Encontrará esas palabras en su Biblia, antes del versículo 1. Esa no es una notación que agregaron los traductores de su Biblia. Esos comentarios introductorios son en realidad parte del texto inspirado del salmo. Algunas introducciones son más largas que otras y, a menudo, proporcionan información útil para interpretar correctamente el salmo.

Por ejemplo, el Salmo 57 comienza así: "Para el director del coro; según tonada de No destruyas. Mictam de David, en la cueva, cuando huía de Saúl". Aquellas palabras nos ayudan a comprender el contexto histórico en el cual se escribió el salmo y nos proporcionan una percepción valiosa del estado emocional de David en ese momento.

Todo lo que se nos dice al comienzo del Salmo 73 es que se trata de un "Salmo de Asaf". Necesitamos mirar completamente más allá de este salmo para descubrir quién fue Asaf.

El Asaf que es el autor de este salmo es el mismo Asaf que fue contemporáneo del rey David. Asaf fue un levita que el Rey

---

2. Esos dos mensajes se encuentran disponibles en http://kootenaichurch.org/kcc-audio/special-messages/

David designó para guiar a Israel en el canto "con instrumentos de música, arpas, liras y címbalos muy resonantes, alzando la voz con alegría" (1 Crónicas 15:16-17, 19). Este tipo de canto y alabanza se usaría como acompañamiento del transporte del arca del pacto de la casa de Obed-edom al lugar que David había preparado para ella (1 Crónicas 15:1, 25).

Luego, Asaf fue seleccionado como músico principal (1 Crónicas 16:4-5) para guiar la celebración y la alabanza delante del arca de Dios (1 Crónicas 16:4, 7).

Asaf fue, al parecer, un músico muy talentoso. Se distinguió lo suficiente como para que él y sus parientes fueran designados por el mismo David. Cientos de años después, los "hijos de Asaf" seguían entre aquellos levitas que realizaban el oficio musical que fue designado a su antepasado (Esdras 2:41; 3:10; Nehemías 7:44; 11:17, 22; 12:35-36).

En 2 Crónicas 29:30, se hace una referencia a él como "el vidente Asaf". Esto nos indica que, en cierto sentido, se reconoció a Asaf como un hombre con algún grado de función profética. Él fue un canal de revelación divina, de la cual una parte se encuentra registrada en los salmos que llevan su nombre.

El talento musical y teológico de Asaf es claramente evidente en los salmos de su autoría. Existen doce salmos que llevan su nombre. El Salmo 50 es el primer salmo que encontramos que fue escrito por Asaf. El resto de sus salmos se encuentran agrupados, siendo el Salmo 73 el primero de once salmos consecutivos (Salmos 73-83).

La lectura de los doce salmos que escribió nos ayuda a tantear la abundante profundidad teológica de este gran hombre de Dios. Como David Engelsma escribe: "Una lectura de estos salmos nos muestra que Asaf tuvo un entendimiento muy vívido del conflicto del pueblo de Dios con los hombres impíos y un profundo conocimiento del sufrimiento y las luchas de los santos en esta vida".[3] Con toda certeza, Asaf entendía las luchas que conlleva vivir en este mundo caído. Él comparte algunas de esas luchas en el Salmo 73.

El tema

En el Salmo 73 se narra una lucha de fe personal, privada e íntima que Asaf sufrió. Hubo un tiempo en el que Asaf vio la prosperidad de los impíos y envidió su posición (v. 3). Él confiesa que tuvo "envidia de los arrogantes".

Durante un tiempo, Asaf luchó con afirmar que Dios era bueno para con Israel. Él estaba desconcertado por lo que veía (v. 16). No parecía correcto que los puros de corazón fueran afligidos y castigados (versículos 13-14), a la vez que los impíos vivían desahogados y aumentaban sus riquezas (v. 12).

Como era un hombre justo, Asaf luchó por entender por qué su rectitud no producía bendiciones terrenales tangibles como aquellas que disfrutaban los malvados. ¿Acaso Dios no estaba satisfecho con su santidad? ¿No debería Dios haber bendecido a aquellos que buscaban la santidad y la pureza moral? ¿Por qué reposarían sus bendiciones sobre aquellos que no consideraban en absoluto a Dios ni su ley (v. 11)?

Sopesar estas realidades fue algo inquietante para Asaf; a tal punto que confesó que en un momento dudó de la bondad de Dios para con los suyos. Versículo 2: "En cuanto a mí, mis pies estuvieron a punto de tropezar, casi resbalaron mis pasos". Asaf dio un traspié con esta confusión y casi fue su ruina.

Su "corazón se llenó de amargura" y en su "interior sentía punzadas" (v. 21). Esta fue una crisis de fe en el alma de un hombre piadoso. El Salmo 73 es el recuento honesto de su lucha.

---

3 David J. Engelsma, *Prosperous Wicked and Plagued Saints: An Exposition of Psalm 73* (posiciones 95-97 en Kindle). Reformed Free Publishing Association. Edición para Kindle.

La estructura

El Salmo 73 se puede dividir muy fácilmente en dos partes iguales. Esta división natural se produce al final del versículo 14, lo que divide el salmo en dos secciones de 14 versículos.

En los primeros 14 versículos se nos presenta el desconcertante problema de la prosperidad. La prosperidad que disfrutan los impíos se establece en un contraste extremo con la carencia de dichas bendiciones en las vidas de los justos. La vida fácil, la abundancia de riquezas y la muerte tranquila que son la suerte de aquellos que odian a Dios se describen con una gran claridad poética.

En la segunda parte del salmo se nos proporciona la perspectiva correcta sobre los prósperos. La bisagra sobre la cual gira este salmo se encuentra en el versículo 17: "hasta que entré en el santuario de Dios; entonces comprendí el fin de ellos". Esa verdad es la clave para revelar todas las riquezas que se encuentran en este salmo. Es aquí donde Asaf adquirió la perspectiva de Dios sobre el destino y la vida de los impíos. Tener la perspectiva de Dios cambió todo para Asaf. En vez de pensar que la abundancia y la facilidad eran su bien, Asaf confesaría: "Estar cerca de Dios es mi bien" (v. 28). Para Asaf, que Dios fuera "la fortaleza de [su] corazón y [su] porción para siempre" era mejor que todas las riquezas y la prosperidad de los infieles (v. 26).

La primera parte del salmo se trata del punto de vista de este problema desde una perspectiva terrenal. En la segunda parte se ve este problema desde la perspectiva celestial. Las conclusiones que sacaríamos de nuestro razonamiento humano se contrastan con las conclusiones que sacamos a partir de la revelación de Dios.

El mensaje central de este salmo es que, aunque la prosperidad de los impíos pueda desconcertar a los justos, dicha prosperidad es corta e ilusoria.

La perspectiva de Dios

Necesitamos la perspectiva de Dios sobre este tema de manera urgente. Cada día que pasa en nuestro mundo, los titulares de las noticias están llenos de nombres de hombres impíos que prosperan en su maldad. Las cadenas de oración y los boletines en las iglesias están llenos de los nombres de santos justos que sufren aflicción.

Esto no va a cambiar. No podemos esperar que venga un tiempo en esta era en el cual las riquezas de los impíos se esfumen y que, en cambio, ellos carguen con el sufrimiento. No podemos esperar que la aflicción del pueblo de Dios cambie repentinamente a una vida fácil, comodidades terrenales y libertad del dolor.

Si un cristiano no tiene la perspectiva de Dios sobre este problema, incluso los más talentosos y piadosos entre nosotros podemos perder la esperanza y amargarnos. Es mi oración que el tiempo que pase estudiando este salmo lo equipe para ver toda la vida desde la perspectiva de Dios, forme en usted la fe en que Dios es bueno para con los suyos, y lo aliente en la confianza de que estar cerca de Dios es su bien.

Que los fieles a Dios digan con confianza: "en Dios el Señor he puesto mi refugio, para contar todas tus obras" (Salmo 73:28).

Parte 1:

El desconcertante problema de la prosperidad

1

La afirmación de una verdad

Salmo 73:1
Ciertamente Dios es bueno para con Israel,
para con los puros de corazón.

A algunas personas les gusta saber cómo termina una historia antes de leerla. He conocido a personas que leen los últimos capítulos de un libro antes de leer el libro. Estas mismas personas buscan en línea cómo termina una película antes de ver dicha película. ¡AMAN estropear el final! No les gusta sentir el suspenso. No les gusta la tensión. Quieren estar seguros de que todo va a salir bien antes de leer o ver algo que sugiera lo contrario.

¡Estas personas viven entre nosotros! ¡Podría ser su vecino, su compañero de trabajo o incluso su niñera! Si sufre esta enfermedad, ¡busque asistencia profesional de inmediato!

Si es de los que les gusta saber cómo termina la historia antes de comenzar, apreciará el estilo de Asaf en el Salmo 73. Asaf comienza este salmo con la conclusión de su crisis de fe: "Ciertamente Dios es bueno para con Israel, para con los puros de corazón".

Este registro del conflicto interno de Asaf comienza con una afirmación positiva de la pura bondad de Dios. Esta verdad es tanto el punto de partida para pensar detenidamente en los problemas presentados en este salmo como la conclusión a la que deberíamos llegar a partir de un estudio del salmo. La confianza en la bondad de Dios permeaba el alma de Asaf. Aunque compartió la naturaleza de sus propias dudas sobre la bondad de Dios, primero declaró la verdad de la bondad de Dios. Esta verdad es un fundamento inamovible, un ancla para nuestra alma y una roca contra la cual se destruyen nuestras dudas.

Lo que sabemos con certeza

El cristiano puede afirmar con valentía y júbilo que Dios es bueno. No solo aseveramos que Dios *es* bueno, sino que además Dios *hace* bien. De hecho, con confianza decimos que *todo* lo que Dios hace es bueno debido a que *todo* lo que Dios *es* se trata de algo bueno. "Bueno" describe el ser de Dios: su naturaleza y su carácter. Ciertamente, Dios es bueno.

Asaf enfatizó la certeza de esta verdad comenzando el salmo con esa palabra corta (compuesta solamente de dos letras en hebreo), la cual traducimos como "ciertamente". Con esta palabra se busca enfatizar la certeza de lo que sigue. Es el equivalente en hebreo del Antiguo Testamento de "en verdad" o "de cierto" que encontramos en el Nuevo Testamento.[1]

La bondad de Dios no está en tela de juicio. La bondad de Dios es una certeza absoluta, una roca o un refugio para el alma. Existe un gran número de cosas que podríamos cuestionarnos en

1. David J. Engelsma, *Prosperous Wicked and Plagued Saints: An Exposition of Psalm 73* (posición 192 en Kindle). Reformed Free Publishing Association. Edición para Kindle. A menudo, Jesús prologaría declaraciones importantes con un "En verdad, en verdad", para enfatizar la certeza y la importancia de lo que estaba a punto de decir. Consulte, por ejemplo, Juan 5:19, 24, 25; 6:26, 32, 47, 53; 8:34, 51, 58.

la vida, pero la bondad de Dios no es una de ellas. Esta es la mayor lección que aprendió Asaf. Es su conclusión.

En un momento de absurdidad e ignorancia (vv. 21-22), Asaf cuestionó precisamente esto. Ver la prosperidad de los impíos llevó a Asaf a una crisis de fe. Sus pies casi resbalaron. Estuvo a punto de tropezar (v. 2). Ver la comodidad y la riqueza de aquellos que se oponían a Dios hizo que Asaf dudara si es que Dios era bueno con su pueblo o no. Asaf dudó si había algún beneficio en guardar un corazón puro ante el Señor. Más tarde llegaría a ver esas dudas como las cavilaciones de un hombre insensato e ignorante. El pensamiento de aquel que duda de la bondad de Dios se asemeja al de una bestia (v. 22): temporal, simple e ignorante.

La Escritura afirma en reiteradas ocasiones que Dios es bueno.[2] La palabra que Asaf utiliza aquí es טוֹב (tob), que significa "bueno, generoso,festivo, hermoso o grato".[3] La mayoría de las veces implica la idea de una benevolencia[4] que actúa en beneficio de otros.

---

2. Algunos filósofos han planteado la pregunta sobre la naturaleza del estándar de la bondad. ¿Es la "bondad" un estándar fuera de Dios al cual Dios se conforma, o es Dios mismo el estándar de lo que ha de considerarse "bueno"? A esto se le denomina "el dilema de Eutifrón". Su nombre proviene de la pregunta que Platón hizo en Eutifrón, a saber, "¿Es la piedad lo que los dioses dicen que es, u ordenan los dioses una vida de piedad debido a la naturaleza intrínseca de esta, independientemente de sus propios deseos?" Se puede ver que si Dios es el estándar de la bondad, entonces la bondad está sujeta a los caprichos arbitrarios de una deidad personal. Dicho de otro modo, Dios podría llamar "bueno" a algo hoy y mañana llamarlo "malo". Por el contrario, si la bondad es algún tipo de estándar fuera de Dios, algo independiente de Él, entonces Él se encuentra subordinado a un concepto abstracto de la bondad. Si esto lo confunde, le recomiendo leer cómo trata John Frame este tema en su excelente libro, titulado *The Doctrine of God*, específicamente en las páginas 405-409.

3. J. Swanson, *Diccionario de idiomas bíblicos: Hebreo (Antiguo Testamento)* (edición electrónica). Oak Harbor: Logos Research Systems, Inc., 1997.

4. John M. Frame, *A Theology of Lordship*, vol. 2, *The Doctrine of God* (Phillipsburg: P & R Publishing, 2002), 410.

Esto lo vemos ilustrado de muchas maneras en la Escritura, en la Creación y sin duda alguna en la redención de los pecadores. La bondad de Dios es algo que sus criaturas pueden observar y experimentar.

Salmo 34:8–10:
8 Probad y ved que el Señor es bueno.
¡Cuán bienaventurado es el hombre que en El se refugia!
9 Temed al Señor, vosotros sus santos,
pues nada les falta a aquellos que le temen.
10 Los leoncillos pasan necesidad y tienen hambre,
mas los que buscan al Señor no carecerán de bien alguno.

Salmo 84:11:
11 Porque sol y escudo es el Señor Dios;
gracia y gloria da el Señor;
nada bueno niega a los que andan en integridad.

Frecuentemente en la Escritura, la bondad de Dios se relaciona con algunos de sus otros atributos, tales como su misericordia, su fidelidad, y su gracia o misericordia.

Salmo 86:5:
5 Pues tú, Señor, eres bueno y perdonador,
abundante en misericordia para con todos los que te invocan.

Salmo 100:5:
5 Porque el Señor es bueno;
para siempre es su misericordia,
y su fidelidad por todas las generaciones.

Salmo 106:1:
1 ¡Aleluya!
Dad gracias al Señor, porque es bueno;
porque para siempre es su misericordia.

Salmo 107:1:
1 Dad gracias al Señor, porque Él es bueno;
porque para siempre es su misericordia.

Salmo 118:1:
1 Dad gracias al Señor, porque Él es bueno;
porque para siempre es su misericordia.

Salmo 136:1:
1 Dad gracias al Señor porque Él es bueno,
porque para siempre es su misericordia.

La bondad de Dios es lo que impulsa nuestra alabanza, nuestra adoración y nuestra gratitud. Él es digno de estas cosas debido a que Él es bueno. Dado que Dios es bueno, Él es la fuente de todas las cosas buenas. Ya que su naturaleza es buena, todas sus obras son buenas y las realiza de manera justa. Todo lo que es bueno tiene su origen en Él. Santiago 1:17: "Toda buena dádiva y todo don perfecto viene de lo alto, desciende del Padre de las luces, con el cual no hay cambio ni sombra de variación".

Salmo 85:12:
12 Ciertamente el Señor dará lo que es bueno,
y nuestra tierra dará su fruto.

Salmo 103:5:
5 El que colma de bienes tus años,
para que tu juventud se renueve como el águila.

Los puros de corazón

En concreto, Asaf tiene en mente la bondad particular de Dios para con Israel. Aunque ciertamente Dios era bueno con su nación elegida, incluso cuando la mayor parte de la población de dicha nación consistía en judíos rebeldes e incrédulos, la bondad que se describe aquí es la que disfrutan aquellos que son "puros de corazón". Las dos frases del versículo 1 son frases paralelas que se describen entre ellas.

Las expresiones de bondad que son el foco del Salmo 73 no eran algo que disfrutaban todos los israelitas, sino que específicamente las disfrutaban aquellos judíos que genuinamente eran el pueblo de Dios a través de la regeneración. Aunque todos los judíos podrían disfrutar los beneficios de ser parte de la nación del pacto, no todos los judíos eran justos ni redimidos. Esto es a lo que Pablo se refería en Romanos 9:6-7, cuando escribió: "Porque no todos los descendientes de Israel son Israel; ni son todos hijos por ser descendientes de Abraham". Ser judío no garantizaba la salvación de nadie.

Los "puros de corazón" son aquellos que fueron redimidos, a quienes Dios había elegido, regenerado y atraído a Él mismo (Salmo 65:4). Ellos fueron los justos, aquellos justificados por Dios. Ellos habían creído en su promesa y estaban firmes ante Él a través de su gracia redentora.

En contraste, entre los impíos de los que habla Asaf en este salmo se incluirían, entre otros, los judíos no redimidos, rebeldes e incrédulos. Sin duda alguna, Asaf podía estar hablando de los incrédulos gentiles, pues había suficientes ejemplos de gentiles que odiaban a Dios y prosperaban en su maldad. Pero lo que ocurría en una nación distante a cientos de kilómetros probablemente no provocaría la irritación que experimentó Asaf. La vida fácil y la prosperidad ante los ojos de Asaf (v. 3) probablemente fue aquella que disfrutaban sus compatriotas judíos que no consideraban la purificación de sus vidas ni la obediencia a los mandamientos de Dios.

Se hace referencia a estos hombres como "arrogantes", "impíos" (v. 3), "orgullosos" y "violentos" (v. 4). Son burladores que "hablan con maldad" y ponen "su boca contra el cielo" (v. 9). La evidencia de que no disfrutan de la bendición de la salvación se hace evidente a partir del hecho que Asaf dice que serán arrojados a la destrucción (v. 18) y perecerán (v. 27). Los que son destruidos en la próxima vida son los mismos que gozan la prosperidad y la comodidad en esta vida.

Cuando Asaf dice que Dios es bueno para con los puros de corazón, está pensando en expresiones específicas de la bondad de Dios que disfrutan solamente aquellos que son puros de corazón. Estas personas son descritas más adelante en el salmo. Aquellos que son puros de corazón gozan de la presencia continua de Dios (v. 23), la guía y el consejo de Dios, y la promesa de la gloria eterna (v. 24). Para los puros de corazón, Dios es un tesoro más grande que cualquier otra cosa en la tierra (v. 25), ya que Dios es la fortaleza y la porción de un creyente para siempre (v. 26). El bien que disfrutan los justos es estar cerca de Dios, quien es su refugio.

La respuesta para la lucha de Asaf en cuanto a la prosperidad de los impíos no fue negar que los impíos disfrutaban cosas buenas, sino entender que dichas cosas buenas solamente eran temporales e ilusorias. El bien que disfrutan los justos es un bien eterno. Es, por lejos, un bien mayor.

El Salmo 73 y la "gracia común"

"Gracia común" es un término que algunos utilizan para describir las buenas dádivas que disfrutan los pecadores no arrepentidos. Los impíos impenitentes disfrutan de muchos de los mismos placeres, deleites y regocijos que recibe el pueblo de

Dios. Los no creyentes llegan a disfrutar buena comida, ven atardeceres hermosos, y disfrutan los deleites del matrimonio, la familia y la recreación, de la misma manera que los justos. Además, pueden hallar satisfacción en sus trabajos, disfrutar el fruto de su esfuerzo y deleitarse en sus ganancias materiales. La lluvia cae sobre justos e injustos. Generalmente, a esto lo llamamos gracia común.

Algunos teólogos reformados también clasifican la detención que hace Dios de la humanidad pecadora y los logros positivos del hombre a lo largo de la historia como el don de Dios para con la humanidad caída y, de este modo, como expresiones de gracia común.[5] En síntesis, la gracia común hace referencia a bendiciones de Dios que todos los hombres disfrutan en común, tanto los elegidos como los no elegidos.

Existen algunos teólogos reformados que niegan que Dios brinda cualquier tipo de bendición en absoluto a aquellos que no son su pueblo.[6] Ellos sostienen que es inconcebible que Dios se

---

5. Una provechosa serie de artículos de Cornelius Van Til apareció en la *Westminster Theological Journal*. No me fue posible determinar cuándo se publicaron los artículos por primera vez. Estos se basaban en una publicación que se leyó para el Calvinistic Philosophy Club en su reunión del otoño de 1941, en Filadelfia. Los enlaces que se proporcionan aquí conducen a las tres partes de esa serie de artículos.
http://files1.wts.edu/uploads/images/files/WTJ/CVT%20-%20Common%20Grace,%20pt%201.pdf
http://files1.wts.edu/uploads/images/files/WTJ/CVT%20-%20Common%20Grace,%20pt%202.pdf
http://files1.wts.edu/uploads/images/files/WTJ/CVT%20-%20Common%20Grace,%20pt%203.pdf

6. Dentro del grupo reformado, existen teólogos en ambos bandos. Uno puede ser "calvinista" y afirmar las doctrinas de la reforma sobre la gracia soberana sin negar la doctrina de la gracia común. Juan Calvino afirmó que Dios da varios dones y gracias a aquellos que no son su pueblo, con el argumento de que dichas "gracias", aunque no salvíficas en naturaleza o propósito, son, sin embargo, expresiones de un Dios de gracia hacia aquellos que impenitentemente se encuentran bajo su ira. Abraham Kuyper defendió la doctrina de la gracia común, ya que no veía una contradicción inherente entre

vea de alguna manera o en algún momento misericordiosamente inclinado hacia aquellos que no son su pueblo elegido. Además, creen que el Salmo 73 enseña aquella verdad de manera explícita.

En su libro titulado *Prosperous Wicked and Plagued Saints: An Exposition of Psalm 73*, David J. Engelsma afirma:

> Dios es bueno solamente con Israel. Esta es, de manera incontrovertible, la enseñanza del versículo 1: Dios es bueno para con Israel, y con nadie más. El hecho de que la enseñanza del versículo 1 trata de la bondad exclusiva de Dios para con Israel se vuelve inmediatamente evidente cuando uno intenta leer el versículo de una manera diferente: "Ciertamente Dios es bueno para con Israel, y también para con los impíos".[7]

Engelsma cree que la afirmación positiva de Asaf sobre la bondad de Dios para con su pueblo necesariamente niega que Dios sea bueno para con alguien más. Además, escribe: "Aparte de eso, el argumento del salmo en los siguientes versículos sostiene que, aunque parece que Dios es bueno para con los impíos, en realidad no lo es; en absoluto".[8]

Engelsma declara audazmente:

> El salmo 73 rebate la mentira de la gracia común. Demuele esta teoría. **El propósito del Espíritu Santo en este salmo es negar la doctrina de la gracia común.** En el salmo se expone el error de la gracia común de manera clara y directa. El salmo no niega que Dios da muchos

---

su propia teología calvinista y la creencia en el trato benévolo de Dios hacia los no creyentes. Consulte los artículos de Van Til que se mencionan en la nota al pie n.º 5.

7. Engelsma, posiciones 144-147 en Kindle.

8. *Ibid.*, posiciones 149-150 en Kindle.

> dones terrenales buenos a los impíos, de modo que, como norma, sus vidas sean cómodas, placenteras y exitosas. Por el contrario, el salmo afirma que este es el caso. Este es el problema del salmista que teme a Dios. Pero el salmo niega que estos dones y estas circunstancias sean la bendición de Dios. Por medio de estos dones materiales y en estas circunstancias terrenales, Dios no es bueno para con los impíos.[9]

Creo que para hacer justicia a la posición de Engelsma se debería decir que él cree que todas las cosas "buenas" que disfrutan los no creyentes no son, en realidad, algo que Dios planeó para su bienestar, sino solamente para su posterior destrucción. Él no niega que los impíos disfruten una vida cómoda y prosperidad material, sino que con "estas circunstancias y posesiones, Dios ni planea el bienestar de ellos, ni lo lleva a cabo".[10]

Ofrecer una defensa completa de la doctrina de la gracia común es algo que va mucho más allá del alcance de este capítulo; yo lo remitiría a los escritos de Calvino, Kuyper y Berkhof. Para los fines que aquí se presentan, necesitamos considerar si es que el Salmo 73 "destruye la noción de la gracia común" en sí mismo, como sostiene Engelsma. ¿Significa necesariamente el argumento de Asaf ("Dios es bueno para con Israel") que Dios es bueno solamente para con Israel[11]?

Afirmar que Dios no es bueno con nadie más que con los suyos es leer entre líneas, ya que el texto no dice eso. En el

---

9. *Ibid.*, posiciones 176-181 en Kindle. Énfasis del autor.
10. *Ibid.*, posición 168 en Kindle.
11. Engelsma también considera que la iglesia e Israel son lo mismo, ya que dice: "Israel es la iglesia". De este modo, sostiene que no hay distinción entre lo que llamaríamos Israel y lo que llamaríamos iglesia. Esta es una presuposición con la que no estaría de acuerdo (posición 141 en Kindle).

versículo 1, Asaf está afirmando aquello que él había comenzado a dudar, a saber, si es que Dios era realmente bueno con los suyos. Él dudó si es que había beneficio alguno en vivir una vida recta, dada la prosperidad de los injustos (vv. 13-14) ante él. A partir de una perspectiva transformada (vv. 16-17), Asaf afirmó que Dios es, en efecto, bueno para con los puros de corazón. En ninguna parte Asaf niega que Dios es bueno con los impíos, sino que solamente afirma que Dios es bueno para con los justos.

En el salmo se considera una bondad en particular que Dios muestra hacia los justos. Las bondades demostradas hacia Israel en el versículo 1 se describen en la segunda mitad del salmo. Entre estas se incluyen la guía de Dios, el estar cerca de Dios y la gloria eterna (vv. 21-28). Estas expresiones de bondad no son visibles para los impíos. Los únicos que disfrutan estas buenas dádivas son el pueblo de Dios (los elegidos), aquellos a quienes Él elige y atrae a sí mismo. Estas buenas dádivas son salvíficas por naturaleza, y son bendiciones pactuales que reciben los que son suyos a través de la cruz de Cristo. Estas "bondades" son las "bondades más buenas" que los impíos no disfrutan.

Cuando Asaf dice: "Dios es bueno para con los puros de corazón", está hablando de las riquezas que disfrutan únicamente los justos redimidos. Decir que los impíos, quienes son injustos e impenitentes, no disfrutan bendiciones salvíficas no quiere decir que no disfrutan de ninguna bendición en absoluto. Una cosa es decir que los impíos no disfrutan la gracia de la salvación; otra cosa distinta es sugerir que no reciben ningún tipo de gracia en absoluto. Podemos afirmar que el bien mayor de Dios está reservado para su pueblo sin negar que Dios hace bien a aquellos que no son su pueblo.

Es correcto decir que el Salmo 73 niega que Dios entrega bendiciones pactuales a los impíos. El Salmo 73 sí afirma que Dios brinda estas bendiciones solo a aquellos que son "puros de corazón". Estas no son "gracias comunes", sino "gracias especiales". Aquellos que afirman que Dios da gracias comunes a todos los hombres (como yo lo haría) no creen que la salvación, ni la elección, ni la gloria eterna se encuentren entre ellas.

El hecho de que Dios es amable, clemente y bueno con todas sus criaturas (incluidos los réprobos impíos) es algo que se describe claramente en varias partes.

Salmo 145:8-9:
8 Clemente y compasivo es el Señor,
lento para la ira y grande en misericordia.
9 El Señor es bueno para con todos,
y su compasión, sobre todas sus obras.

En el Salmo 145, David afirma que Dios es bueno para con *todos* y que muestra su compasión sobre *todas sus obras*. En esta compasión se incluyen su lentitud para la ira y su misericordia. Dios es clemente. ¿Se encuentran "todas sus obras" limitadas a Israel, y solamente a Israel? ¿No disfrutan los impíos cada latido de su corazón, como una prórroga del juicio inmediato, gracias a la misericordia benévola y sufrida de Dios? ¿Cómo entonces puede alguien afirmar que Dios no es clemente y amable con los impíos? Aunque jamás insinuaría que dicha gracia y bondad continuará de manera indefinida, no podemos negar que sí se demuestra actualmente.

El Salmo 145 tiene más que decir al respecto.

Salmo 145:13-16:
13 Tu reino es reino por todos los siglos,
y tu dominio permanece por todas las generaciones.
14 El Señor sostiene a todos los que caen,
y levanta a todos los oprimidos.

15 A ti miran los ojos de todos,
y a su tiempo tú les das su alimento.
16 Abres tu mano,
y sacias el deseo de todo ser viviente.

¿Todo ser viviente o solo los elegidos? ¿Todo ser viviente o solo Israel? El hecho de que los impíos no se mueren de hambre, y que no se les niega ni el oxígeno ni el agua por sus pecados, se debe a la clemencia y la bondad de Dios. Sugerir que en esta vida Dios no da ninguna buena dádiva, no bendice de ninguna manera, y que no muestra ningún tipo de bondad en absoluto hacia los no creyentes, es una exageración. Si un no creyente y yo nos sentamos en la misma mesa del mismo restaurante y disfrutamos juntos un bistec para la cena, ¿cómo es que mi bistec es un regalo de Dios, pero el suyo no?

Jesús nos ordena amar a nuestros enemigos, ejemplificando así el carácter benévolo y amoroso de nuestro Padre celestial, "porque El hace salir su sol sobre malos y buenos, y llover sobre justos e injustos" (Mateo 5:45). Debemos demostrar bondad y amor a nuestros enemigos debido a que el Padre hace lo mismo.

Pablo les dijo a los no creyentes en Hechos 14:17 que Dios "no dejó de dar testimonio de sí mismo, haciendo bien y dándo[les] lluvias del cielo y estaciones fructíferas, llenando [sus] corazones de sustento y de alegría". Dios les dio lluvias a los incrédulos. Dios llenó sus corazones de sustento y de alegría. Estas son evidencias de la naturaleza bondadosa de Dios, una naturaleza que Él demuestra hacia todas sus obras mediante su provisión amable y, sí, gracia común.

Existen ejemplos en la Escritura de cómo Dios bendice a los incrédulos y a los suyos. En Génesis 39, leemos que Dios bendijo la casa de Potifar por causa de José. Génesis 39:5: "Y sucedió que desde el tiempo que lo hizo mayordomo sobre su casa y sobre todo lo que poseía, el Señor bendijo la casa del egipcio por causa de José; y la bendición del Señor estaba sobre todo lo que poseía en la casa y en el campo". Potifar era un incrédulo con una esposa incrédula, y el Señor lo bendijo de todas formas. Es cierto que el Señor bendijo a Potifar por causa de José, pero, no obstante, Dios lo bendijo.

Matthew Henry mencionó correctamente: "Aunque los impíos reciben muchos beneficios de su munificencia providencial, hemos de reconocer que Él es, de manera peculiar, bueno para con Israel: ellos reciben favores de Él que otros no han recibido".[12]

Respetuosamente, discrepo de la aseveración de que el Salmo 73 destruye la doctrina de la gracia común. El Salmo 73 sí enseña la doctrina de una gracia especial para con "Israel" y "con los puros de corazón", pero no hace nada por socavar la doctrina de la gracia común.

La bondad de Dios y la condenación eterna

Dios es bueno para con Israel, para con los puros de corazón. Dios es bueno para con su creación, y Dios es bueno para con todos los hombres debido a que Dios es bueno. La bondad es una cualidad fundamental de la naturaleza y el ser de Dios. Dios es bueno y solo puede hacer lo bueno. Si fuese posible que Dios hiciera algo que no es bueno, entonces no podríamos decir que Dios es completamente bueno. Dios solo puede hacer lo que es bueno debido a que Dios es solamente bueno.

A algunas personas les cuesta armonizar la "bondad de Dios" con la verdad de la "condenación eterna". Si Dios es bueno, ¿cómo puede enviar a personas al infierno para que sufran eternamente por sus pecados? Muchas personas dan por

12. Matthew Henry, *Matthew Henry's Commentary on the Whole Bible: Complete and Unabridged in One Volume* (Peabody: Hendrickson, 1994), 847.

sentado que la bondad de Dios invalida su justicia y garantiza que todos serán salvos en el final.[13]

Muchos no creyentes (quienes son rápidos para proclamar su propia bondad) confían en que la bondad de Dios los librará del infierno. Ellos piensan: "Sin duda alguna, Dios es bueno y jamás me enviaría al infierno". Sin embargo, irónicamente, aquello mismo en lo que confían para su salvación (esto es, la bondad de Dios) es lo que los condenará para siempre.

Debido a que Dios es bueno, Él debe asegurarse de que se haga justicia. Imagine que la persona que ama, sea cónyuge, padre o hijo, haya sido brutalmente golpeada y asesinada a manos de un criminal violento. Al final, el infractor fue hallado, arrestado y acusado del crimen. Durante el juicio, la fiscalía presentó metódicamente toda la evidencia de su culpa. Hubo testigos oculares, hubo evidencia de ADN en la escena del crimen, hubo un móvil establecido e, incluso, se grabó el crimen con una videograbadora. No solo eso, sino que se presentaron un montón de pruebas circunstanciales que establecían la culpa del criminal más allá de cualquier duda fundada.

Luego, imagine que llega el día del veredicto y usted ve que el juez, quien está encargado de que se haga justicia, hace el siguiente anuncio alarmante:

"Damas y caballeros del jurado, familia y amigos de la víctima que se encuentran presentes, deseo informarles que la culpa del imputado se ha establecido de forma concluyente, más allá de cualquier duda fundada. Sin embargo, ya que soy un *buen* juez, y dado que soy una *buena* persona, me gustaría demostrar mi *bondad* dejando que el acusado salga en libertad. A partir de ahora, se desestiman todos los cargos".

---

13. Rob Bell adopta la misma lógica aplicada al amor de Dios para defender una forma de universalismo en su libro *Love Wins*.

Entonces, usted ve cómo el culpable camina por el pasillo, pasa por su lado y camina hacia la libertad, sin pagar por el violento crimen contra la persona que usted ama. En ese momento, ¿se pone de pie y aplaude al juez por su demostración de bondad? ¿Sale de la sala comentándole a sus amigos y a su familia: "¡Vaya! ¡El juez era realmente bueno!"?

¿Tal repudio de la justicia hace que admire la bondad del juez? ¿O piensa que un "buen" juez debe asegurarse de que se haga justicia? Definitivamente, podemos decir que, aunque el culpable puede pensar que el juez ha sido bueno con él, la familia que queda no siente que el juez haya sido bueno con ellos, ni con la víctima, ni con el resto de la sociedad.

Dios es bueno, y debido a que Dios es bueno, Él debe asegurarse de que se haga justicia. Todo el pecado será pagado. O será pagado mediante la muerte expiatoria de Cristo en la cruz, o mediante el tormento eterno y consciente del pecador no arrepentido. La bondad de Dios no socava la doctrina del infierno eterno; la bondad de Dios exige un infierno eterno.[14]

Así como un buen juez terrenal no entorpece la justicia, ni hace la vista gorda a los crímenes, ni libera a los criminales culpables, del mismo modo, el eterno juez celestial tampoco lo hará. Dios no tolerará el pecado. Él no pervertirá las exigencias eternas de su santa justicia. No le hará la vista gorda al abuso sexual, ni al asesinato, ni a la mentira, ni a la blasfemia, ni al robo. Cada pecador impenitente que muere sin arrepentirse y sin

---

14. El hecho de que el infierno es eterno también es visto como algo incompatible con la bondad de Dios. Sin embargo, aquellos que se oponen a que el infierno sea un lugar de tormento consciente por la eternidad no captan la pecaminosidad del pecado, ni hasta qué punto todo pecado es una ofensa contra un Dios santo. Para ver una defensa de la doctrina del infierno eterno, consulte *Sinners in the Hands of a Good God: Reconciling Divine Judgment and Mercy* de David Clotfelter (disponible solamente en inglés).

confiar en Cristo tendrá su día en la corte. Ya que Dios es bueno, se hará justicia.

Los no creyentes piensan que la bondad de Dios es su esperanza. Será su ruina. Para el creyente, la bondad de Dios es su garantía de que, como aquellos elegidos y amados por Dios, experimentarán el bien eterno. Debido a que Dios es bueno, Él no castigará ni desechará a aquellos que han confiado en su Hijo (Juan 6:35-44).

Aunque algunos pueden afirmar que la justicia es buena, también pueden decir que no es buena para quienes la reciben. Esto plantea la objeción de otra forma: si Dios hace algo que no es bueno para el incrédulo, entonces Dios no es completamente bueno. La suposición detrás de esta objeción es que, dado que Dios es bueno, Él está obligado a hacer el bien a todas sus criaturas todo el tiempo.

En su libro *The Doctrine of God*, John Frame proporciona algunas consideraciones provechosas.[15]

En primer lugar, en la condenación de los pecadores, Dios no hace algo que "no es bueno", ni algo "malo". De hecho, su justicia exige la condenación de los pecadores. Es, como ya se ha dicho, una expresión de su bondad. Si la condenación eterna de los pecadores fuera impura, injusta o caprichosa, entonces no sería buena. Eso indicaría que Dios no es bueno. Castigar a los impíos por sus pecados no es algo malo.

Si Dios solo hace bien a aquellos que no son condenados al infierno, eso no quiere decir que Él ha hecho algo malo a los demás. Que Dios retenga el bien de alguna criatura no es algo malo en sí mismo, ni tampoco pone en duda su carácter. Dios no está obligado a hacer algo positivo por las criaturas que no

---

15. Me encuentro en deuda con John Frame por las observaciones que hace en su libro *The Doctrine of God* (P&R Publishing, páginas 412-414, disponible solamente en inglés).

merecen dicha bondad. Si Dios retiene el bien y en su lugar hace justicia, no ha hecho nada malo.

En segundo lugar, el castigo de los pecadores logra un gran bien, a saber, el despliegue de la justicia y la rectitud de Dios. Cada vez que se manifiestan, demuestran o proclaman los atributos de Dios, es algo bueno. Por toda la eternidad, Dios derramará su ira contra los pecadores y los rebeldes como una demostración de su justicia y su virtud, y la justificación de su Palabra y su ley. ¡Ese es un GRAN bien!

En tercer lugar, la condenación de los impíos no arrepentidos es un bien hecho en favor del pueblo de Dios. Es un gran acto de benevolencia de parte de Dios hacia su pueblo que triunfe sobre sus enemigos, que defienda su buen nombre y que castigue a quienes han causado tanto sufrimiento a su pueblo. Como dice Pablo en 2 Tesalonicenses 1:5–10:

> Esta es una señal evidente del justo juicio de Dios, para que seáis considerados dignos del reino de Dios, por el cual en verdad estáis sufriendo. Porque después de todo, es justo delante de Dios retribuir con aflicción a los que os afligen, y daros alivio a vosotros que sois afligidos, y también a nosotros, cuando el Señor Jesús sea revelado desde el cielo con sus poderosos ángeles en llama de fuego, dando retribución a los que no conocen a Dios, y a los que no obedecen al evangelio de nuestro Señor Jesús. Estos sufrirán el castigo de eterna destrucción, excluidos de la presencia del Señor y de la gloria de su poder, cuando El venga para ser glorificado en sus santos en aquel día y para ser admirado entre todos los que han creído; porque nuestro testimonio ha sido creído por vosotros.

Cuando Dios establece su justicia, le está haciendo un bien a su pueblo. Es por el bien de su pueblo que Dios expulsa a los rebeldes de su cielo y, finalmente, de la tierra nueva. Por lo tanto, con el castigo de los malvados, Dios está siendo bueno con su pueblo.

En cuarto lugar, podría ser que, en cierto sentido, el hecho de que Dios castigue a los impíos en el infierno sea, en realidad, una expresión de su bondad hacia ellos. Como escribe Frame:

> También puede valer la pena considerar que, en su propio castigo en el infierno, Dios le está dando un privilegio a los perdidos: el privilegio de la demostración de su justicia y su victoria en la guerra espiritual (cf. Rom. 9:17). A aquellos que no ven la benevolencia de este privilegio se les podría aconsejar que consideren si es que sus estándares de bondad son lo suficientemente teocéntricos.[16]

En otras palabras, puede ser que Dios esté haciendo un bien a los perdidos cuando les permite manifestar la gloria de su justicia contra el pecado. Es cierto que es algo difícil de asimilar, pero si pensamos que es algo aberrante, deberíamos preguntarnos si quizás podríamos tener una comprensión inadecuada de lo que es verdaderamente "bueno".

En quinto lugar, se debe reconocer que, a pesar de su castigo en el infierno, Dios ha demostrado mucha bondad para con los perdidos. Una vez más, Frame escribe:

> Una respuesta algo más agradable a la pregunta es que Dios es bueno con las criaturas de diferentes maneras y en diferentes momentos, según sus naturalezas y sus roles en el plan de Dios para la historia. Su bondad no lo

---

16. Frame, 413.

> obliga a dar las mismas bendiciones a todos, ni a dar las mismas bendiciones a cualquier criatura durante toda su existencia. Si los perdidos en el infierno no están recibiendo ningún tipo de bendición en absoluto, no pueden quejarse de que Dios nunca fue bueno con ellos. Durante esta vida, estuvieron rodeados por la bondad de Dios, al igual que todas las demás criaturas. Además, como la Escritura frecuentemente lo representa, los impíos generalmente prosperan en esta vida y oprimen a los justos. En la siguiente vida, estos papeles se invierten (Lucas 16:19-31). Así que, incluso los réprobos deben confesar que Dios ha sido bueno con ellos; mucho más de lo que merecían.[17]

Los impíos en el infierno no pueden negar haber tenido una rica experiencia de la bondad de Dios en esta tierra, la cual convirtieron en su propia condenación por su rebelión y su rechazo de la verdad.

En resumen, la doctrina de la bondad de Dios no es incompatible con la doctrina del castigo eterno.

Salmo 73:2
En cuanto a mí, mis pies estuvieron a punto de tropezar, casi resbalaron mis pasos.

Aquí se nos presenta la lucha de Asaf. Él confesó que Dios es bueno para con su pueblo. Esa fue la gran verdad que Asaf aprendió a través de su lucha. Esta confianza en la bondad de Dios no siempre había sido la disposición de su corazón. Él casi abandonó esta confianza. Casi vaciló en esta convicción.

---

17. *Ibid.*

Este es el relato de la lucha de fe por la cual Asaf pasó personalmente, su casi apostasía. Asaf no está escribiendo sobre otra persona. No está describiendo la experiencia de alguien que conocía. Las verdades de este salmo no son la teorización de un intelectual que vive en un mundo ideal, sino una verdadera lucha de un verdadero hombre de Dios. Él comparte su lucha con nosotros para que podamos recibir el beneficio de lo que entendió sin sufrir el dolor de sus dudas.

Asaf vio lo mismo que observan los justos en cada generación: la aparente prosperidad de los impíos (v. 3). Asaf casi concluyó que era inútil guardar puro su corazón y vivir una vida recta (v. 13). Se preguntó si estaría mejor viviendo como los impíos. Casi flaquea su fe. La envidia que Asaf le tuvo a los impíos le había robado su alegría (v. 21) y casi destruyó su fe.

Sus pies casi resbalaron. La palabra que se tradujo como "resbalaron" significa "derramar".[18] Es la imagen del agua siendo derramada de tal forma que se dispersa por todos lados, más allá de sus límites, y deja el lugar y la trayectoria designados. Como agua derramada fuera de un contenedor, Asaf se encontró pensando de maneras ajenas a la verdad de Dios. Cuando las claras restricciones de la verdad revelada de Dios se ponen en duda y se desechan, nuestros pies vagarán por todas partes, lo cual nos llevará a la apostasía. Así como pensar correctamente lleva a vivir correctamente, pensar incorrectamente lleva a vivir de manera incorrecta.

Cuando nuestros pies están firmes en la verdad de Dios, estamos seguros. Cuando nos alejamos de ese camino, nos encontramos inmediatamente en un territorio peligroso. Rápidamente, cuando no nos guiamos por la verdad en los límites

---

18. R. L. Thomas, *New American Standard Hebrew-Aramaic and Greek Dictionaries: Updated Edition* (edición electrónica, disponible solamente en inglés). Anaheim: Foundation Publications, Inc.

de la revelación, nos encontramos con el error, la apostasía y el naufragio espiritual. Asaf casi tropezó con la aparente prosperidad de los impíos. Esto habría traído la ruina espiritual a su vida y a las vidas de muchos otros.

Este es un verdadero peligro espiritual para el pueblo de Dios. Sin una perspectiva eterna de los impíos y su aparente prosperidad, los justos (incluso los más piadosos) pueden ser fácilmente engañados. Comienzan a dudar de la bondad de Dios y empiezan a cuestionar si es que existe algún beneficio en el servicio al Todopoderoso. Se puede responder mejor a esta tentación peligrosa, a este ladrón del gozo y el contentamiento del cristiano, con una perspectiva correcta sobre la riqueza y la eternidad.

Es ahí donde se encuentra el gran valor de este salmo. Es una ayuda para su protección espiritual.

Las lecciones que aprendemos

Existen tres grandes verdades que podemos aprender de estos dos primeros versículos:

En primer lugar, los justos ciertamente pueden luchar con esta aparente injusticia. Todo indica que Asaf era un judío piadoso, muy dotado por Dios y utilizado en el servicio a su pueblo en la adoración. Asaf era un hombre con una comprensión profunda y rica de las Escrituras del Antiguo Testamento. Eso es evidente por los salmos que escribió (Salmos 50, 73-83). Es posible que incluso los creyentes piadosos y maduros pierdan la perspectiva y sean duramente tentados y probados. Matthew Henry escribe: "La fe aun de los creyentes firmes puede ser muy conmovida y quedar a punto de caer. Hay tormentas que probarán las anclas más resistentes".[19] Si alguna

19. Henry, 847.

vez te has encontrado en ese pantano espiritual, no estás solo, ¡pero eso no significa que debas quedarte ahí! En el Salmo 73 se nos advierte de un verdadero peligro espiritual que no debemos tomar a la ligera.

En segundo lugar, Dios guarda a los suyos de caer, en su gracia y por su gracia. Los pies de Asaf casi se resbalaron. Estuvo cerca de tropezar. Casi resbalarse no es resbalarse. Estar cerca de tropezar no es tropezar. Aunque el pueblo de Dios pueda sentir que su fe está a punto de quebrantarse y fallarles, no lo hará. Aunque los justos puedan sentir que están al borde de la apostasía espiritual, Dios no permite que su pueblo caiga y finalmente perezca.

> Aquellos que precisamente nunca se perderán a veces están muy cerca de ello, y, en su propia comprensión, prácticamente se han perdido. Muchas almas preciosas que vivirán para siempre alguna vez tuvieron un giro muy estrecho para su vida; estuvieron casi arruinadas, a tan solo un paso entre ello y una fatal apostasía, y sin embargo fueron arrebatadas del fuego como un tizón, lo cual magnificará para siempre las riquezas de la gracia divina en las naciones de aquellos que son salvos.[20]

John Hooper, escribiendo a principios del siglo XVI, dijo:

> Hay que notar que el profeta dijo que casi había resbalado, pero no del todo. Aquí hay la presencia, providencia, fuerza, salvaguarda del hombre por el Todopoderoso, presentadas de modo maravilloso. Vemos que, aunque somos tentados y puestos al borde

20. *Ibid.*, pp. 847–848.

de perpetrar la equivocación, con todo, Él nos sostiene y nos corrobora para que no nos venza la tentación.[21]

Asaf no debió su preservación del naufragio espiritual a su propia razón, ni a su propia astucia, ni a su propia fuerza espiritual, sino al poder de Dios que guarda. Dios le dio una perspectiva correcta. Dios abrió sus ojos para que viera la verdadera condición de los impíos y el verdadero fin de su riqueza. Asaf fue preservado en su fe por la gracia guardadora de Dios. Asaf fue preservado de tropezar y resbalar porque pertenecía a Dios. Esa es la posición de seguridad que posee cada creyente verdadero.

En tercer lugar, la verdad de la bondad de Dios para con los suyos es el fundamento seguro en el que pueden confiar los justos. Nosotros debemos comenzar donde comienza Asaf: con la firme convicción de que Dios es bueno para con los puros de corazón.

Con esta verdad como nuestra ancla y nuestro punto de partida, tenemos una Estrella Polar que nos permite navegar por las aguas tempestuosas de las inequidades de la vida. Todas las circunstancias y todos los engaños de esta vida, y todo lo que evaluamos con nuestro propio entendimiento humano, pueden arrojarnos sobre las rocas de la duda y los problemas. Siempre debemos volver a nuestra firme convicción de que Dios es bueno para con los suyos. Él es eternamente bueno.

Esta verdad no puede ser conmovida. Debemos tener la resolución de grabar esta verdad profundamente en nuestros corazones, de vivir por esta verdad y de morir por esta verdad. Puede que el cristiano no sea capaz de conciliar todas las obras providenciales de Dios con esa verdad, pero aún así la creemos.

---

21. Charles Haddon Spurgeon, *The Treasury of David,* Vol. 2, *Psalms 58-110* (Peabody: Hendrickson Publishers), 257.

Es posible que a veces no veamos cómo esas cosas que Dios permite en nuestra vida son expresiones de su bondad. Es posible que en el momento no entendamos cómo la bondad de Dios puede cuadrar con la aparente prosperidad de los impíos y la aflicción de los justos, pero nunca debemos dudar de que lo haga.

Siempre debemos volver a esta ancla para el alma: Dios es bueno para con los puros de corazón. Henry comenta: "Estas son verdades que no pueden ser sacudidas, y debemos tener la resolución de vivir y morir por ellas. Aunque es posible que no podamos conciliar todas las disposiciones de la providencia divina con ellas, debemos creer que son conciliables".[22]

Tal confianza será el medio por el cual Dios nos preservará en las dificultades y en tiempos de intensa tentación.

Como escribió Charles Spurgeon:

> Es bueno asegurarse de lo que ya sabemos, ya que será una buena ancla de la cual nos podremos asir cuando seamos molestados por aquellas misteriosas tormentas que surgen de las cosas que no entendemos. Sea cual sea la verdad acerca de los misterios y las cosas inescrutables, hay algunas certezas en otros puntos; la experiencia ha colocado algunos hechos tangibles dentro de nuestro alcance; por tanto, atengámonos a estos, y ellos impedirán que seamos arrastrados por estos huracanes de la infidelidad que todavía vienen del desierto y como torbellinos se abaten sobre las cuatro esquinas de nuestra casa y amenazan su destrucción. Oh Dios mío, por perplejo que esté, no permitas que piense mal de Ti. Si no puedo entenderte, que nunca deje de creer en Ti. Ha de ser así, no puede ser de otro modo; Tú eres bueno para aquellos a quienes Tú has hecho

---

22. Henry, 847.

buenos; y donde Tú has renovado el corazón no puedes dejarlo en poder de sus enemigos.[23]

¡Ciertamente Dios es bueno para con los puros de corazón!

---

23. Spurgeon, 246.

2

La admiración de un tesoro

Salmo 73:3
Porque tuve envidia de los arrogantes,
al ver la prosperidad de los impíos.

Las apariencias pueden ser engañosas.

Las Escrituras reiteradamente nos advierten de la necedad de juzgar por la apariencia exterior.

Puede que Saúl haya sobrepasado en altura a todo el resto de sus compatriotas (1 Samuel 10:23) y que haya sido más hermoso que todos ellos (1 Samuel 9:2), pero dichas características no hacían que un rey fuera fiel. Samuel jamás hubiese pensado que David sería a quien Dios elegiría para reemplazar a Saúl. Él pensó que Eliab, el hermano de David, era el ungido del Señor elegido para reemplazar a Saúl, pero el Señor dijo a Samuel: "No mires a su apariencia, ni a lo alto de su estatura, porque lo he desechado; pues Dios ve no como el hombre ve, pues el hombre mira la apariencia exterior, pero el Señor mira el corazón" (1 Samuel 16:7). Aunque el hijo de David, Absalón, era impresionantemente apuesto, fue un joven impío que se rebeló contra el trono, deshonró a las concubinas de su padre y buscó matar a David (2 Samuel 14:25; 15:1-17:29).

Los falsos maestros esconden su verdadera identidad vistiéndose de ovejas (Mateo 7:15). Satanás engaña con la apariencia de un ángel de luz (2 Corintios 11:14). La cizaña crece entre el trigo y parece ser un creyente verdadero (Mateo 13:25-40). Los falsos convertidos adoptan el lenguaje, la cultura y las costumbres de sus compañeros cristianos. Son capaces de engañar a todos a su alrededor, y su verdadera naturaleza solo se revela cuando finalmente apostatan (1 Juan 2:19).

La vida está llena de ejemplos del poder engañoso de las apariencias. Usted sabe que se está enfrentando a un fraude si recibe un correo electrónico de un príncipe de Arabia Saudita que le quiere dar el 10% de la fortuna de 30 millones de dólares que tiene su familia, a cambio del simple acto de generosidad de enviarle 1.000 dólares para hacer que la transferencia sea más fácil. Las empresas gastan millones en convencernos de que su producto es más grande, más brillante y mejor que cualquier otro. La política es el arte de hacernos pensar que alguien que no comparte nuestros valores se preocupa profundamente por ellos. No nos atrae el candidato, sino cómo lo percibimos. Las manzanas siempre parecen mejores en el huerto del vecino. Desafortunadamente, no es hasta que saltamos la cerca del vecino que descubrimos que el manzano se plantó sobre una fosa séptica.

No solo somos engañados por las apariencias, sino que somos *fácilmente* engañados por las apariencias.

Los impíos parecen ser bendecidos. En el Salmo 73, a Asaf le pareció que Dios ignoraba su maldad. Por donde se mirara, los impíos disfrutaban de una vida fácil y del favor de Dios. Al menos, así parecía. Asaf fue arrastrado y engañado por lo que vio.

Las apariencias pueden ser engañosas.

Envidia que envenena el alma

En el capítulo anterior, examinamos la confesión que Asaf hizo de casi tropezar por dudar de la bondad de Dios. Sus pies casi resbalaron del camino de la justicia.

En los versículos 3-5, Asaf describió las comodidades y bendiciones materiales que disfrutaban los impíos. En los versículos 6-12, describió su orgullo, su maldad y su hostilidad hacia Dios. La prosperidad de los impíos hizo que Asaf concluyera que era inútil "guardar puro su corazón" y "lavarse las manos con inocencia".

Cuando vio la prosperidad descrita en los versículos 3-5, nació el pecado de la envidia en el corazón de Asaf. Ingenuamente confesó: "tuve envidia de los arrogantes, al ver la prosperidad de los impíos".

La palabra que se traduce como "envidia" a veces se traduce como "celo". Según el *Theological Wordbook of the Old Testament* (Diccionario teológico del Antiguo Testamento):

> Este verbo expresa una emoción muy fuerte mediante la cual el sujeto desea algún atributo o alguna posesión del objeto. Esta raíz aparece ochenta y siete veces... El término puede usarse en un sentido puramente descriptivo para denotar una de las características de los hombres vivientes (Eclesiastés 9:6), o en un sentido despectivo para denotar pasiones hostiles y perturbadoras (Proverbios 27:4), o en un sentido favorable para denotar un celo consumidor que se enfoca en alguien a quien se ama (Salmo 69:9 [H 10]).[1]

---

1. R. L. Harris, G. L. Archer Jr., & B. K. Waltke (Eds.), *Theological Wordbook of the Old Testament* (edición electrónica, p. 802, disponible solamente en inglés). Chicago: Moody Press.

La envidia se arraigó en el corazón de Asaf. Él tenía una "emoción fuerte" y una pasión hostil y perturbadora por poseer la prosperidad de los impíos. Las cosas específicas que Asaf envidiaba se describen más adelante en el pasaje.

La envidia es pecado. Es la fuerte emoción de sentir celos por la ventaja o las bendiciones que disfruta otra persona. No se trata de un deseo inocente ni de simplemente querer algo; más bien, la envidia desea lo que otro tiene. La envidia anhela la bendición o el favor que otro disfruta. La envidia es un pecado peligroso que destruye el alma.

Edom tuvo envidia del favor que Dios le dio a Israel. Esa envidia vino acompañada de odio e ira (Ezequiel 35:11, 15). La nación de Edom incluso se regocijó por la caída y la desolación de Israel cuando cayeron bajo el juicio de Dios (Abdías 10-14), llegando incluso a ayudar a los enemigos de Israel a saquear la nación. La envidia es el pecado que hizo que los hermanos de José se ofendieran con él y finalmente tramaran su asesinato (Génesis 37:11). Aunque no terminaron asesinando a José, en su envidia lo vendieron como esclavo. En su envidia, mintieron a su padre Jacob durante más de veinte años sobre el destino de su hermano.

El pecado de la envidia llevó a los líderes religiosos de Israel a entregar a Jesús a Pilato para que lo crucificaran (Mateo 27:18). Aparece en la lista de las obras de la carne (Gálatas 5:21) y se encuentra entre las cosas que caracterizan a los incrédulos que no reconocen a Dios y que han sido entregados "a una mente depravada, para que hicieran las cosas que no convienen" (Romanos 1:28-29). Pablo dice en Tito 3:3 que el pecado de la envidia en algún momento nos caracterizó a cada uno de nosotros: "Porque nosotros también en otro tiempo éramos necios, desobedientes, extraviados, esclavos de deleites y placeres diversos, viviendo en malicia y envidia, aborrecibles y odiándonos unos a otros". Tristemente, también es un pecado que los cristianos pueden cometer. Todos conocemos la envidia. La conocemos bien.

La envidia es una insatisfacción fundamental con lo que Dios en su buena providencia ha provisto. La envidia es la lujuria por lo que no tenemos. Es lo opuesto a la satisfacción, que es la disposición piadosa de espíritu que está satisfecha con lo que Dios ha establecido.[2] La envidia nos impide disfrutar de las bendiciones que sí poseemos, lo que nos lleva a comparar esas ricas bendiciones con las bendiciones más ricas que disfrutan los demás. De esa manera, la envidia envenena las bendiciones que Dios nos da. La envidia nos hace incapaces de apreciar la bondad de Dios, debido a que estamos demasiado ocupados sintiendo resentimiento por la bondad que Él muestra hacia alguien más. Mientras nos sentamos en medio del exceso de nuestra propia prosperidad, la envidia solo nos permite ver las cosas buenas que disfrutan los demás. Lo que deberían ser razones de gran gozo y agradecimiento se convierte en resentimiento e ingratitud. Nos amargamos por lo que no tenemos, en lugar de deleitarnos con lo que hacemos. En verdad, la envidia es maligna.

El cristiano que reconoce el pecado de la envidia en su propio corazón necesita arrepentirse de ese pecado y acudir a Cristo para obtener sanidad y perdón. Debemos buscar lo opuesto a la envidia: el contentamiento (Filipenses 4:10-14). ¡Ore para que Dios lo libre de la envidia y haga que odie este pecado que lo priva del gozo de cualquier otra bendición!

Asaf contempló la prosperidad de los impíos y quiso lo que ellos parecían tener. Envidiaba a quienes odiaban a Dios y deseaba la riqueza y la comodidad que parecían disfrutar. Fue la

---

2. Para obtener más información sobre el tema del contentamiento piadoso, le recomendaría *El Contentamiento Cristiano... Una Joya Rara* de Jeremiah Burroughs (Publicaciones Faro de Gracia).

envidia lo que llevó a Asaf a dudar del beneficio de la santidad personal. La envidia produjo un corazón amargado (Salmo 73:21) que hizo que Asaf no viera las riquezas del favor de Dios hacia él (vv. 21-28). Finalmente, Asaf dudó de la bondad de Dios, casi tropezó con la destrucción espiritual y estuvo cerca de descarriar a otros (v. 15), todo debido a la envidia.

Realmente la envidia es maligna, pero ¿cuánto más cuando aquellos a quienes envidiamos son los malvados?

Los arrogantes

Asaf describe a los que él envidiaba como "los arrogantes" y "los impíos". Note el paralelismo del versículo:

Salmo 73:3:
3 Porque tuve envidia de los arrogantes,
al ver la prosperidad de los impíos.

Asaf está describiendo a un grupo de personas. A estos prósperos se los describe como "arrogantes" e "impíos".

La palabra que se traduce como "arrogante" describe a alguien "en un estado de soberbia y altanería".[3] También se ha traducido dicha palabra como "soberbios". En la RVA esta palabra se traduce como "insensatos". Frecuentemente, la Escritura describe al necio como ignorante y orgulloso (Proverbios 14:16). Existe una notoria diferencia entre la actitud altiva, orgullosa y jactanciosa de los impíos y el espíritu humilde y gentil que se impone a los justos.

Asaf describió el orgullo de estos impíos más adelante en el salmo, cuando escribió en los versículos 8-9:

3. J. Swanson, *Diccionario de idiomas bíblicos: Hebreo (Antiguo Testamento)* (edición electrónica). Oak Harbor: Logos Research Systems, Inc., 1997.

8 Se mofan, y con maldad hablan de opresión.
    Hablan desde su encumbrada posición.
9 Contra el cielo han puesto su boca,
    y su lengua se pasea por la tierra.

Cuando Asaf describió a quienes eran el objeto de su envidia como "arrogantes" e "impíos", esto sirvió para resaltar el sinsentido de dicha envidia. Ya sería lo suficientemente malo envidiar a un sabio, a un justo o a un humilde por alguna cualidad que haya demostrado o alguna bendición que haya disfrutado. ¡Qué necio es envidiar a un hombre arrogante e impío! Como Charles Spurgeon menciona sabiamente: "...ha de ser un necio que envidia a los necios". Con relación al versículo 3, Spurgeon también dijo: "Es una lástima que un heredero del cielo haya de confesar: <<Tuve envidia>>, pero peor sería si dijera: <<Tuve envidia de los necios>>".[4] Incluso Mr. T entendió que es mejor "compadecerse del necio" que envidiarlo.

No solo es en el Salmo 73 que se nos advierte sobre envidiar a los soberbios, jactanciosos, violentos e impíos.

Proverbios 3:31:
31 No envidies al hombre violento,
    y no escojas ninguno de sus caminos.

Proverbios 23:17:
17 No envidie tu corazón a los pecadores,
    antes vive siempre en el temor del Señor.

---

4. Charles Haddon Spurgeon, *The Treasury of David*, Vol. 2, *Psalms 58-110* (Peabody: Hendrickson Publishers), 247.

Proverbios 24:1:
1 No tengas envidia de los malvados,
ni desees estar con ellos.

Proverbios 24:19-20:
19 No te impacientes a causa de los malhechores,
ni tengas envidia de los impíos,
20 porque no habrá futuro para el malo.
La lámpara de los impíos será apagada.

David advirtió: “No te irrites a causa de los malhechores; no tengas envidia de los que practican la iniquidad. Porque como la hierba pronto se secarán, y se marchitarán como la hierba verde” (Salmo 37:1–2).

Asaf miró su prosperidad y los envidió, pero cuando vio su destino final, se dio cuenta de que realmente no había nada que envidiar (Salmo 73:27). Cuando un justo envidia al necio impío, ¡necesita una reorientación urgente!

Su prosperidad

Las riquezas de este mundo pueden ser bastante seductoras. Vivimos en un mundo que gira en torno al poder del todopoderoso dólar. En cada anuncio de la televisión o de la radio se nos dice que el dinero puede comprar la felicidad, el contentamiento y la comodidad. Las sofisticadas empresas de publicidad de Madison Avenue buscan convencernos de que nuestros matrimonios serían más felices si gastáramos más dinero en Kay Jewelers o en el concesionario local de Lexus. Quieren que creamos que nuestro estatus en la sociedad está determinado por la marca de los zapatos que nos ponemos, el auto que manejamos o el teléfono celular que usamos. Si escucha a los anunciantes, entonces creería que puede obtener la adulación sin límites del sexo opuesto si tan solo utiliza el champú, la máquina de afeitar, la pasta de dientes y el gel de baño adecuados.

¿Qué tienen en común todas estas cosas? Cuestan dinero. Todo lo que se interpone entre mí y un nuevo Lexus es el dinero. Todo lo que se interpone entre mí y un matrimonio feliz es el dinero. El dinero hace girar al mundo. Tiene que tener dinero para ganar dinero. Todos quieren dinero. Todos necesitan dinero. Por lo tanto, el dinero es la respuesta para todos los problemas y desconciertos de la vida.

Salomón resumió perfectamente la perspectiva de una vida de vanidad bajo el sol en Eclesiastés 10:19: "Para el placer se prepara la comida, y el vino alegra la vida, y el dinero es la respuesta para todo". Ante esa afirmación, todo el sistema mundial grita un fuerte "¡Amén! ¡El dinero es la respuesta para todo!".

Bueno, si el dinero es la respuesta para todo, entonces aquellos que tienen más dinero tienen más respuestas para todo. No solo eso, ¡tienen más todo! Disfrutan de más comodidades, más facilidades, más ventajas, más placeres y más deleites. Esperaríamos que sus problemas fueran menores y sus preocupaciones fueran más leves. El inmemorial adagio "el dinero no puede comprar la felicidad" suena como una tontería que diría alguien que nunca ha tenido dinero. Realmente, parece que los que tienen dinero son felices. Ciertamente, parece como si hubiera una relación directa entre la cantidad de dinero y la cantidad de felicidad.

¿Quién de nosotros no ha anhelado en secreto la riqueza de Bill Gates o la de Steve Jobs? ¿Quién no ha reflexionado en cuánto más fácil sería la vida con un par de millones de dólares en el banco? Eso sería suficiente como para comprar su libertad de la rutina de trabajo de 9 a 5. ¿Alguna vez se ha sentado y ha hecho una lista mental de todas las preocupaciones, todas las incomodidades y todos los problemas que desaparecerían instantáneamente si ganara el premio de Publishers Clearing House? ¿No hemos pensado todos, al menos por un momento, cuánto más fácil sería la vida si fuésemos los ganadores del último sorteo del Powerball?

La prosperidad es seductora. La envidia de la riqueza y la prosperidad que disfrutan los demás es una tentación común para los hombres; demasiado común.

Salmo 73:4
Porque no hay dolores en su muerte,
y su cuerpo es robusto.

En estos dos versículos (vv. 3-4), Asaf describió las bendiciones y comodidades que, según su percepción, disfrutaban los impíos. En el versículo 3, mencionó su prosperidad. Aquí Asaf describe lo relajadas que son su vida y su muerte.

Vale la pena señalar que Asaf comienza describiendo la muerte de los impíos. La forma en que mueren los impíos fue algo que le molestaba. Podríamos esperar que primero describa la vida de los impíos, y que luego hable sobre la forma en la que mueren. Asaf no lo hace así. Yo sugeriría que Asaf comenzó con la descripción de su muerte por dos razones.

En primer lugar, la paz y la comodidad de su muerte retratan perfectamente la holgura y la comodidad de sus vidas. Murieron como vivieron: despreocupados y tranquilos. La tranquilidad de su muerte es el toque final de una vida plena de provisión abundante y riqueza creciente. ¡Estas son personas que no pueden perder! No solo no se les presentan dificultades en la vida, sino que la muerte los trata con suma delicadeza.

En segundo lugar, es en la muerte de los impíos que podríamos esperar ver al menos un ajuste de cuentas parcial por la gran injusticia de la vida que pasaron prosperando en su maldad. Puesto que en sus vidas han tenido tanta holgura material y tantas bendiciones, provisiones y comodidades, podríamos esperar que (en cierta manera, al menos) en su muerte reciban su merecido. Sin embargo, no es así. Por lo tanto, la forma en que mueren los impíos parece ser la evidencia más grande de su dichoso estado.

Escuche el lamento de Asaf: **¡No hay dolores en su muerte!** Los injustos simplemente mueren. Atraviesan el velo con facilidad. Su muerte es indolora. Viven cómodamente y mueren con tranquilidad. No experimentan dolor. No sufren las agonías prolongadas de los padecimientos y las enfermedades. No pasan meses en el lecho de muerte sufriendo lentamente una muerte miserable, dolorosa y agonizante.

Compare eso con los detalles de muchas personas piadosas y justas en cuyas muertes han experimentado un dolor indescriptible. Al igual que usted, Asaf estaba familiarizado con los creyentes piadosos que pasaban sus últimas horas, sus últimas semanas o, incluso, sus últimos meses en una agonía implacable y despiadada. Conocemos la historia de creyentes piadosos en cuyos últimos minutos de vida se vieron enfrentados a las llamas de la hoguera, a los leones en la arena o a sufrir a manos de sus perseguidores. Sabemos de hombres y mujeres temerosos de Dios que han pasado sus últimas semanas afectados por el cáncer, llenos de infecciones o plagados de dolor crónico.

¿No deberíamos esperar que en sus últimos momentos haya algún ajuste de cuentas? ¿No deberíamos esperar ver una gran reversión cuando se trata del mayor enemigo, que es la muerte? Podríamos esperar ver que los justos, en su paso a la eternidad, puedan probar la comodidad y la tranquilidad con que los injustos hayan vivido sus vidas. Además, podríamos esperar ver que los injustos probasen el dolor, el malestar y la agonía que muchas personas justas sufren.

En cambio, los injustos vuelan hacia la eternidad casi sin preocupaciones y sin ningún dolor. No hay dolores en su muerte. De pronto les da un ataque al corazón o los afecta un aneurisma y mueren en un momento. Fallecen sin dolor mientras duermen, a la vez que disfrutan de la comodidad del descanso. Estos mismos impíos que han vivido sus vidas oponiéndose y oprimiendo al pueblo de Dios son arrastrados sin ningún esfuerzo hacia la otra vida. ¡Esto parece ser una grave injusticia!

Y su cuerpo es robusto. Este es otro lamento sobre la condición en que mueren. En la versión Reina Valera Antigua esa frase se traduce: "Antes su fortaleza está entera".[5] En otras palabras, son físicamente saludables hasta el final.

Habiendo vivido una vida de tan abundante prosperidad, nunca les faltó nada. Disfrutaron de todas las delicias de la vida. Mientras que la mayoría de las personas vivían con lo justo, los impíos aumentaron continuamente su riqueza, viviendo como reyes y engordando. En su muerte no hubo ninguna reversión del destino. No parecían sufrir ninguna enfermedad desgastante durante un tiempo prolongado. Antes de su muerte, los injustos no perdían ni su fuerza, ni sus músculos, ni su movilidad, ni su masa corporal. Murieron tan gordos como vivieron. Al parecer dejaron esta vida con la misma fuerza con que la vivieron.

Compare esa imagen con la de las muchas personas justas que conoce, en cuyas últimas semanas y meses se agotaron sus cuentas bancarias, quedaron sin energía y pasaron a ser sombras

---

5. Reina Valera Antigua. Dominio público. 2009 (Electronic Edition of the 1900 Authorized Version.) (Ps 73:4). Bellingham, WA: Logos Research Systems, Inc.

débiles y frágiles de quienes alguna vez fueron. ¡Esto parece una tremenda injusticia!

Otra clase de dolor

Los impíos no solo disfrutan la libertad del dolor físico, sino que parece que también están libres de cualquier tipo de remordimiento o emoción.

Podríamos esperar, cuando se trata del momento más solemne de sus vidas (su muerte), que los impíos malvados sintieran algún tipo de remordimiento o agonía emocional. Al parecer, este no es el caso. Han vivido sus vidas en oposición a Dios. Han pecado contra Su ley. Han violado su conciencia, han oprimido a sus semejantes y no han considerado a Dios durante toda su vida. Los impíos viven sus vidas satisfaciendo los deseos de su carne sin preocuparse por Dios ni Su gloria. Luego mueren sin ningún remordimiento.

No pasan sus últimas horas atormentados por su pecado. No luchan con su conciencia, ni buscan lidiar con la verdad del juicio eterno. Pasan a la eternidad sin ningún arrepentimiento, y parecen morir sin ninguna preocupación en absoluto. No están aterrorizados. No están atormentados. No están preocupados. Mueren como vivieron: mental, emocional y espiritualmente tranquilos.

Solemos pensar que la muerte es "el gran ajuste de cuentas". En cierto sentido, es cierto. Todos los hombres mueren. Como dijo Salomón en Eclesiastés 3:20: "Todos van a un mismo lugar. Todos han salido del polvo y todos vuelven al polvo". Todos los hombres, sean justos o impíos, deben dejar todo lo que esta tierra provee y estirar la pata. Desnudos vinimos a este mundo, y desnudos lo dejaremos (Job 1:21). La muerte nos despoja de todo.

Aunque la muerte es el gran ajuste de cuentas, no todos los hombres mueren igualmente. Desde la perspectiva de Asaf, los impíos mueren cómoda y tranquilamente. Ciertamente, eso es diferente de lo que observó con respecto a la muerte de los justos. Muchos hombres justos han pasado sus últimas horas lamentando su pecado y arrepentidos por una vida que no vivieron suficientemente para la gloria de Dios. Muchos creyentes piadosos pasan a la eternidad aún luchando con el enemigo, deseando haber hecho más por su Señor y lamentando su falta de santificación. Demasiados hombres y mujeres justos son atormentados por dudas con respecto a su fe y su salvación.

Job lamentó esta mismísima inequidad. Comparó su propio sufrimiento con la tranquilidad y la prosperidad de los impíos. Zofar, el consolador de Job, afirmó que "es breve el júbilo de los malvados, y un instante dura la alegría del impío" (Job 20:5). Job pone las cosas en claro señalando que los impíos no sufren en su maldad. En cambio, ¡parecen prosperar! Job dice en Job 21:7-9, 13:

> 7 ¿Por qué siguen viviendo los impíos,
> envejecen, también se hacen muy poderosos?
> 8 En su presencia se afirman con ellos sus descendientes,
> y sus vástagos delante de sus ojos;
> 9 sus casas están libres de temor,
> y no está la vara de Dios sobre ellos.
> 13 Pasan sus días en prosperidad,
> y de repente descienden al Seol.

"Y de repente descienden al Seol" expresa el mismo lamento de Asaf en el Salmo 73:4, a saber, que los impíos viven vidas prósperas y mueren de manera rápida y fácil. Job vio que los impíos dejan esta vida rápidamente. No sufren la pérdida de todas las cosas como Job. No terminan sus vidas como indigentes, ni sufren una muerte lenta ni agonizante. Pasan sus vidas en prosperidad y su muerte es rápida.

Vemos muchos ejemplos de esto mismo en nuestros días. Podemos sentirnos identificados con las observaciones de Asaf. Saddam Hussein fue ejecutado rápidamente. Murió en la horca. En el video filtrado de su ejecución se veía caminando con confianza a la horca sin temor mientras cantaba el nombre de Alá. Después de solo unos momentos con un nudo alrededor del cuello, cayó rápidamente a su muerte súbita. Estaba rollizo. Su cuerpo estaba robusto. Sin embargo, ¿cuántos hombres, cuántas mujeres y cuántos niños sufrieron y murieron, y pasaron hambre, y fueron atormentados, y sufrieron hasta la muerte, a manos de ese hombre malvado? ¿Cuántos, mucho más justos que él, fueron consumidos hasta la muerte y murieron en dolor y agonía a causa de él? Él prosperó en su maldad y murió sin dolor. Su cuerpo estaba robusto.

Del mismo modo, Osama bin Laden murió de un balazo en la cabeza mientras vivía lleno de lujos, rodeado de sus muchas esposas que estaban allí para satisfacer todas sus necesidades. Fue rápido. Fue fácil. ¿Cuántas personas fueron consumidas y murieron en intenso dolor debido a él? Él prosperó en su maldad.

Adolf Hitler murió en los brazos de su amante. Compare su muerte con la de Dietrich Bonhoeffer, quien murió en prisión, con frío, hambriento y abandonado. Sus muertes tuvieron solo algunos días de diferencia, pero no podrían ser más distintas. ¿Cuántos, mucho más justos que Hitler, sufrieron y murieron en agonía por su mano y a manos del Tercer Reich?

Esto realmente no parece estar bien, ¿verdad? Ahora puede ver por qué estas cosas eran problemáticas para Asaf (v. 16). ¿Está comenzando a sentir el peso de este problema? ¿Puede ver por qué se amargó el corazón de Asaf y por qué cuestionó la bondad de Dios?

Salmo 73:5

No sufren penalidades como los mortales,
ni son azotados como los demás hombres.

Lo que Asaf notó no solo fue la ausencia de dolor y sufrimiento en la *muerte* de los impíos, sino que sus *vidas* parecían estar igualmente libre de problemas.

Tal parece que los impíos no tienen que lidiar con las cargas de la vida que nos agobian al resto de nosotros. ¿Tienen que pelear los impíos prósperos la "batalla por el pan" como lo hacen los justos? No parece ser que los orgullosos y profanos se vean obligados a trabajar desde el amanecer hasta la puesta del sol, esclavizándose para obtener el grano de trigo que necesitan para hornear una hogaza. Nunca tienen que preocuparse de dónde vendrá su próxima comida. No tienen que vivir con lo justo, ni estirar su sueldo. De cierto no es lo que parece.

¿Se pregunta Bill Gates alguna vez de dónde vendrá su próxima comida? No. ¿Alguna vez se quedó despierto Steve Jobs durante la noche preocupándose por la falla de su auto? No. ¿Tienen que lidiar Al Gore o Nancy Pelosi con un propietario que llama a la puerta para cobrarles la renta al comienzo de cada mes? Difícilmente. Cada una de estas personas nada en una riqueza inimaginable para la mayoría de las personas que leen este libro. Sin embargo, viven sus vidas sin considerar a Dios, ni Sus normas, ni Su Palabra. Además, gastan su dinero, el cual parecen tener en abundancia y medidas interminables, para promover cosas que ciertamente se oponen a la gloria de Dios y Su pueblo.

Los impíos viven en un mundo diferente del nuestro. Los impíos prósperos ni siquiera notan las cosas que consumen nuestro tiempo, nuestra atención y nuestros recursos. Nosotros tenemos que decidir si compramos zapatos nuevos para los niños o si cambiamos el calentador de agua este mes. Los justos viven sus vidas con miedo de que el automóvil necesite una reparación, y que dicha reparación los retrase en sus deudas médicas. Estas son las cosas que mantienen ocupada a la humanidad. Estas son las preocupaciones que nos afectan. Los impíos parecen vivir en algún mundo especial donde están exentos de todas estas preocupaciones. No están en problemas como el resto de nosotros.

Las pruebas y los problemas que enfrentan los justos cada día parecen no tener un paralelo en la vida de los impíos ricos, famosos y prósperos.

Un día típico para usted

Usted trabaja todo el día en un trabajo que no siempre disfruta, y que quizás nunca disfruta. Después de pelear todo el día con compañeros de trabajo, jefes, clientes y empleados, deja el trabajo aliviado de haber cumplido otras ocho horas que le pagarán y de haber finalizado otro día.

Cuando va recoger a los niños a la escuela, se encuentra con el profesor y descubre que a su hijo no le está yendo tan bien como debería en matemáticas. Necesita clases particulares. Además, se peleó hoy en la escuela y pasó un rato en la oficina del director. Ah, y necesitará algo de dinero la próxima semana o no podrá ir de excursión con el resto de la clase. Mientras conduce silenciosamente hacia su casa, se da cuenta de que debería pasar más tiempo con sus hijos y ayudarlos con su tarea para que mejoren sus calificaciones. Después de todo, ¿cómo pueden esperar ingresar a una universidad decente, conseguir un trabajo o vivir una vida normal si no tienen una buena educación?

Su mente se aleja de todas las preocupaciones con respecto al futuro de sus hijos debido a ese ruido chirriante y rechinante que sale de algún lugar en la parte inferior de su automóvil cuando dobla la esquina final antes de llegar a su hogar. Y piensa: "Realmente debería agendar una cita con el mecánico para que lo revisen". ¿Pero de dónde va a sacar el dinero para eso?

Cuando se estaciona en el patio, se da cuenta de que hay que cortar el pasto esa misma noche, ya que el pronóstico dice que la próxima semana habrá lluvia. ¿Cómo encontrará tiempo para cortar el pasto? Primero tiene que preparar la cena. Antes de que pueda preparar la cena, debe limpiar la cocina, ya que sigue desordenada desde anoche. Le encantaría comenzar a limpiar, pero de seguro primero debería hacer que los niños comiencen la tarea.

Abrir el correo es suficiente para que se le revuelva el estómago. Recuerda un momento en que esperaba con ansias recibir el correo. Pero ya no es así. Hoy solo contiene un aviso de que la boleta del agua está vencida. Eso le recuerda que debe presentar la declaración de impuestos antes de la fecha límite.

Después de un día largo y agotador, se sienta en el sofá, pone los pies sobre la mesa y enciende la televisión. ¿Qué es lo que ve?

Allí, en el canal de noticias, se encuentra un político que hace que le suba la presión arterial de tan solo escuchar su nombre. Él apoya algunas de las organizaciones más impías y de las actividades más injustas bajo el sol. Lleva un traje de tres piezas que hace que todo su ropero parezca que fue comprado en Goodwill. Usted podría vender su reloj y hacerle las reparaciones necesarias a su auto. "¡Olvídalo! ¡Probablemente podría vender ese reloj y comprarme un auto nuevo!".

"¿Qué sabe este despreciable ricachón acerca de mi vida?", se pregunta. "Recibe un ingreso millonario, se sienta en su oficina con aire acondicionado en Washington D. C., se pasea por el país en jets privados y come en restaurantes caros con los donantes políticos. ¿Qué sabe él de las preocupaciones de los hombres y las mujeres trabajadores? ¿Qué sabe él de las luchas de la clase media?". Frustrado, cambia el canal.

Es *Entertainment Tonight*. Allí, en la alfombra roja, se encuentra esa hermosa pareja de Hollywood con sonrisas de oreja a oreja, vestidos con ropa elegante. Las cámaras destellan y los fanáticos vitorean. Todos los adulan y quieren sus autógrafos.

¿Esta pareja tiene hijos? Sí, están en una escuela privada con un tutor y reciben una educación excelente. "Apuesto a que nunca tienen que ayudar a sus hijos con la tarea". Tienen tiempo para estar en este evento especial porque tienen sirvientes que les prepararon la comida, les limpiaron la casa y los ayudaron a elegir la ropa antes de salir esta noche. Además, la niñera está en casa cuidando a los niños.

Ah, esa afortunada pareja de Hollywood. No les preocupa nada, ¿verdad? Todas las cosas que lo atormentan y lo acosan en su día ni siquiera tocan a estas personas. Se levantaron esta mañana y les prepararon la comida, y la criada limpió la casa. El paisajista les arregló el jardín. El encargado les limpió la piscina. La niñera llevó a sus hijos a la escuela. El personal les hizo la cama y les limpió su habitación.

Mientras usted estaba en el trabajo, ganándose el pan, ellos se ejercitaban con un entrenador personal, nadaban en la piscina, leían el periódico, se sentaban en la bañera de hidromasaje y conversaban con su representante. Después de su masaje, encontraron tiempo en su apretada agenda para salir y saludar al público devoto.

"Apuesto a que nunca discuten con su pareja. Mira sus sonrisas. Son tan felices. No les preocupa nada en absoluto. Y mira a su esposa. Ella es hermosa. Apuesto a que se despierta todas las mañanas como *Miss America*. Apuesto a que su aliento huele como un jardín de mentas a primera hora de la mañana.

Apuesto a que él nunca tiene manchas oscuras por no haberse afeitado, ni el pelo despeinado".

¿Cómo logró su fortuna esta pareja ideal con una vida fácil? Produjeron películas y actuaron en películas que promueven valores impíos y conductas destructivas. En sus películas, su música y sus conciertos se han presentado algunos de los peores desenfrenos e impiedades que se hayan visto en un escenario. No han considerado a Dios. De hecho, la única vez en que sus labios mencionan Dios es para burlarse de Él o para blasfemar Su nombre. ¡Estos son los impíos! Prosperan en su maldad. No son azotados como los demás hombres. Las preocupaciones que afectan a los justos no recaen sobre ellos. Ellos viven por encima de eso. Son mejores que los demás.

Charles Spurgeon escribió:

> Los impíos prósperos se salvan de los agotadores esfuerzos que afligen a toda la muchedumbre de la humanidad: el pan les llega sin que les importe, su vino sin escatimar... Los problemas domésticos y personales comunes no parecen acosarlos... Las pruebas duras no parecen afectarles; no gimen bajo la vara divina. En tanto que muchos santos son pobres y afligidos, el pecador próspero no es ni lo uno ni lo otro. Es peor que los demás hombres, y con todo, está en mejores condiciones: ara menos, y tiene más forraje. Merece el infierno más ardiente, pero tiene el nido más caliente.[6]

Sus muertes son fáciles y tranquilas. Sus vidas son fáciles y tranquilas. Sin problemas ni preocupaciones, los malvados viven sus vidas y mueren sin miedo ni dolor. Los justos no la pasan tan bien.

---

6. Spurgeon, 248.

El problema de la "visión de envidia"

¿Está comenzando a sentir el peso de lo que Asaf estaba describiendo? ¿Siente su desconcierto? ¿Está comenzando a sentir su frustración?

Es fácil ver por qué Asaf estaba afligido. Conocemos nuestros propios ejemplos. Hemos visto estas mismas cosas en nuestro propio mundo y en los titulares a nuestro alrededor. Ciertamente podemos sentirnos identificados.

Hay una respuesta para todo esto, pero llega más tarde en el salmo. Todavía no quiero que desatemos este nudo. Dejaremos que Asaf nos guíe a la solución a su debido tiempo. Podemos aligerar un poco la carga si reconocemos que ciertamente hay excepciones a las observaciones de Asaf.

Hasta ahora, he estado hablando en términos generales y casi universales. Eso es porque Asaf habla en términos generales y universales. En estos versículos iniciales, Asaf no parece estar permitiendo ninguna excepción, aunque yo diría que ciertamente habría sabido de ellas.

Asaf no habría sostenido que *cada persona malvada, sin excepción*, vivía una vida fácil y moría fácilmente. Del mismo modo, no habría sugerido que *cada persona justa, sin excepción*, carecía de las bendiciones materiales de Dios. Recuerde que Asaf conocía al rey David. Todos podemos citar excepciones a las quejas de Asaf.

Durante mi primer año en el instituto bíblico, tuve un profesor que era reconocido por su piedad y su intelecto. Se llamaba Herb Peeler. El señor Peeler tenía 80 años y seguía dando clases en Millar College of the Bible. Solo unas pocas semanas después de comenzar mi primer semestre, estaba sentado en mi clase de las 8 a. m. sobre el Evangelio de Mateo, esperando que llegara el señor Peeler. Uno de los otros miembros del personal entró y nos informó que las clases con el señor Peeler fueron canceladas. Temprano esa mañana, la señora Peeler había fallecido. Más tarde, descubrimos los detalles del fallecimiento de la señora Peeler.

Esa mañana había sido muy típica para los Peelers. Se levantaron temprano y se acostaron en la cama mientras leían sus Biblias juntos. Era costumbre del señor Peeler levantarse de la cama e ir a preparar una taza de té para la señora Peeler. Luego, la llevaría a la habitación para que ella pudiera disfrutar de una taza de té en la cama mientras él se preparaba para luego irse a dar clases. Cuando el señor Peeler regresó a la habitación con la taza de té, descubrió que quien había sido su esposa por más de cincuenta años lo había dejado por los brazos del Salvador. Falleció repentina, rápida y silenciosamente después de leer la Biblia con su esposo.

El señor Peeler finalmente falleció trece años después. A la edad de 93 años, se encontraba en la zanja que había detrás de su casa, quemando pasto seco. Estuvo sano y activo hasta el último momento. Mientras quemaba el pasto, de repente, rápida y silenciosamente cayó muerto en la zanja.

Anduvieron con Dios, y Dios se los llevó. Ciertamente son una excepción.

Permítame ofrecerle otra perspectiva desde el otro extremo. El multimillonario Steve Jobs no falleció rápidamente ni de manera fácil. Contrajo cáncer. Ese cáncer carcomió tanto su cuerpo como su dinero. Una de las últimas fotos tomadas de Steve Jobs en público muestra que, justo antes de su muerte, él era un caparazón débil y vacío de su antiguo yo.

¿Existen excepciones? Claro que las hay. Hay muchas excepciones. Pero cuando nuestros corazones están llenos de envidia (v. 3), particularmente de la envidia de los arrogantes y los impíos, no podemos ver ni apreciar dichas excepciones.

Asaf tenía "visión de envidia". Su envidia de los arrogantes distorsionó su percepción de la realidad y la verdad. La envidia nos impide ver la realidad verdadera. La envidia distorsiona la forma en que percibimos la vida como realmente es. Cuando miramos la vida con lentes de descontento, solo vemos aquellas cosas que reafirman nuestro descontento. Cuando la envidia mora en el corazón, cuando nuestros corazones están amargados, lo único que tendemos a ver son las cosas que alimentan nuestra envidia e inflaman nuestra amargura.

Hubo excepciones. Pero Asaf no las vio.

¿Es cierto que *todos* los impíos mueren tranquilamente? ¿*Todos* los justos sufren? ¿No existen justos que sean tomados pacíficamente mientras duermen, después de vivir vidas largas, fructíferas y benditas, llenas de días de abundancia? ¿Y no hay ateos y paganos que mueran de forma dolorosa y agonizante, devastados por las enfermedades y el debilitamiento? Sin duda alguna que los hay.

Existen impíos que pierden sus riquezas e ingresos y descubren que sus riquezas se hicieron alas y se fueron a volar (Proverbios 23:5). Existe una gran cantidad de personas injustas que se ven torturadas con muchos dolores debido a su amor por el dinero (1 Timoteo 6:10). Hay personas justas y piadosas a quienes el Señor ha bendecido con riquezas, y cuya riqueza se ha utilizado para el avance del reino de Dios. El corazón envidioso no puede ver esto. Para aquel que tenga "visión de envidia", estas personas son tan excepcionales y tan escasas que ni siquiera vale la pena considerarlas en la ecuación.

¿Realmente cree que la pareja de Hollywood, llena de riquezas, fama y clubes de fanáticos, llevan la vida de un hogar ideal? ¿Realmente cree que no "son azotados como los demás hombres" (v. 5)? Intente estar al tanto del alboroto en Hollywood durante un mes. Es suficiente como para marearse. Es casi imposible estar al tanto de quién se va a casar, quién se va a divorciar y quién se va a ir a vivir con quién. ¿De verdad cree que esas parejas tienen paz cuando se sientan a la mesa? ¿Cree que todo es un deleite en su dormitorio?

¿Cuántos de ellos se emborrachan para poder dormir cada noche debido a que quieren escapar de su existencia infernal? Jamás se enterará de eso en *Entertainment Tonight*, a menos que los arresten por manejar en estado de ebriedad. Estas personas arrogantes e impías, a las cuales sería algo necio envidiar, tienen que morir por sobredosis de drogas, ingresar a centros de rehabilitación o ver cómo se desmoronan sus matrimonios antes de que nos demos cuenta de que sus vidas son un infierno.

Luchan con la depresión, la inseguridad y la ansiedad. Experimentan soledad, traición y frustración. Sus matrimonios no son felices. Ellos también tienen que vivir con pecadores. Sus hijos se pelean. Ellos discuten con sus cónyuges. Pelean por dinero. Pelean por sus posesiones. Sus estilos de vida indulgentes son simplemente un ungüento para aliviar una conciencia dolida y adormecer su sufrimiento espiritual.

Desafortunadamente, una vez que vislumbramos esta realidad, nuestros corazones se vuelven rápidamente al próximo objeto brillante y los envidiamos.

La representación que Asaf hace de la realidad no es del todo precisa. Desde el punto de vista de Asaf, parecía exacta. Había llegado al punto en que le complicaba si no veía esta injusticia dondequiera que mirara. Todo lo que podía ver eran ejemplos de esta injusticia. Ese es el efecto de la “visión de envidia”.

Asaf necesitaba obtener la perspectiva de Dios. Necesitaba percibir lo que era cierto con respecto a los arrogantes a quienes envidiaba. Nosotros obtendremos esa misma perspectiva más adelante en el salmo.

3

El aborrecimiento de un transgresor

Salmo 73:6-9

Por tanto, el orgullo es su collar;
el manto de la violencia los cubre.
Los ojos se les saltan de gordura;
se desborda su corazón con sus antojos.
Se mofan, y con maldad hablan de opresión.
Hablan desde su encumbrada posición.
Contra el cielo han puesto su boca,
y su lengua se pasea por la tierra.

Lo que abunda en el corazón fluye desde la boca.

Esto se debería consagrar como una de las grandes "leyes" del universo. Al igual que la ley de la oferta y la demanda, la ley de la gravedad o las leyes de la termodinámica, esta es una característica innegable de la realidad. Existe un vínculo directo entre el corazón de un hombre y su boca.

Jesús dijo en Mateo 12:33–37:

> O haced bueno el árbol y bueno su fruto, o haced malo el árbol y malo su fruto; porque por el fruto se conoce el árbol. ¡Camada de víboras! ¿Cómo podéis hablar cosas

> buenas siendo malos? Porque de la abundancia del corazón habla la boca. El hombre bueno de su buen tesoro saca cosas buenas; y el hombre malo de su mal tesoro saca cosas malas. Y yo os digo que de toda palabra vana que hablen los hombres, darán cuenta de ella en el día del juicio. Porque por tus palabras serás justificado, y por tus palabras serás condenado.

Si el corazón (árbol) está lleno de blasfemia, la boca derramará blasfemia (fruto). Si el corazón está lleno de orgullo, la boca hablará palabras jactanciosas y arrogantes. Las palabras no salen de un vacío. La manera de hablar expresa el contenido del corazón. Las palabras profanas no son lo que hacen que un hombre sea profano. Es lo contrario. Un hombre profano, cuyo corazón está lleno de tales blasfemias, hablará palabras profanas.

Jesús dijo en otra ocasión: "El hombre bueno, del buen tesoro de su corazón saca lo que es bueno; y el hombre malo, del mal tesoro saca lo que es malo; porque de la abundancia del corazón habla su boca" (Lucas 6:45).

La boca es como una válvula de alivio de presión para el corazón. Cuando la presión aumente, cualquier cosa que esté dentro del corazón saldrá por la boca. Nuestras palabras dicen mucho sobre la condición de nuestro corazón. Así como la gravedad, eso es algo seguro.

En el texto que consideraremos en este capítulo veremos esta conexión entre el corazón y la boca. En los versículos 6-9 del Salmo 73, Asaf vio el orgullo, la violencia y el lenguaje abusivo de los impíos prósperos. La "arrogancia" (v. 3) y el "orgullo" (v. 6) que Asaf describió inevitablemente derivaban en el discurso burlón, opresivo y blasfemo de los hombres prósperos que envidiaba.

Una persona justa debería ser rechazada por los hombres que se describen en estos versículos. Aunque Asaf envidiaba la prosperidad de los impíos, no envidiaba su orgullo. Él envidiaba su riqueza, no su maldad. La conducta de estos hombres prósperos era aborrecible para Asaf, como lo sería para cualquier hombre justo. Esto es lo que hacía que su prosperidad fuese tan inexplicable. ¿Por qué Dios les concedería un tesoro tan abundante (v. 3) y una vida tan fácil (vv. 4-5)?

Si Asaf consideraba tan aborrecible el orgullo, la violencia y el discurso blasfemo de estos impíos, ¿por qué Dios no? Si Dios *sí* lo consideraba aberrante, ¿por qué estos hombres disfrutaron tal fortuna?

En los versículos 6-9, Asaf describió la conducta y el discurso de estos blasfemos injuriadores.

Salmo 73:6
Por tanto, el orgullo es su collar;
el manto de la violencia los cubre.

Asaf vio una conexión entre la prosperidad de los impíos arrogantes y su orgullo. Esto se indica mediante la locución adverbial consecutiva "por tanto". El orgullo de estos impíos arrogantes era el resultado de su prosperidad. La vida fácil, la tranquilidad en la muerte y la abundante prosperidad material solo servían para volverlos arrogantes.

No es difícil ver una conexión entre la abundancia de la riqueza y el orgullo del corazón. ¿Cuántas personas ricas y humildes conoces? ¿Cuántas personas, cuyas vidas están repletas de prosperidad material, son verdaderamente humildes? Claro que existen, pero ciertamente son algo excepcional. La riqueza material y la verdadera humildad solo se encuentran juntas en hombres y mujeres justos a quienes Dios ha honrado tanto con prosperidad material como con un carácter de humildad. La mezcla de riqueza y humildad entre los impíos no solo es rarísima, sino que es inexistente.

La verdadera humildad bíblica es una característica que el Espíritu Santo crea en el corazón de una persona redimida que ha sido aplastada por la ley y que ha caído de rodillas ante la cruz. No es ninguna sorpresa que los "arrogantes" y los "impíos" (v. 3) llevan su orgullo como un collar.

Este es, ciertamente, uno de los peligros sutiles de la prosperidad material. Las riquezas tienen un modo de convencer a los impíos de que de alguna manera son dignos de la prosperidad y las comodidades que disfrutan.

La cosmovisión de los impíos

Los impíos no tienen un dios a quién agradecerle más que a ellos mismos. Al negarse a darle la gloria a Dios, suponen que todo lo que han adquirido se debe a su propio trabajo duro, ingenio o talento. No ven su abundancia como una bondad de Dios, sino como el karma que les corresponde. Los impíos no reconocen a ningún gran benefactor al cual le deban todas las comodidades que disfrutan.

Todos los hombres piensan instintivamente que algún tipo de karma gobierna su suerte en la vida. Puede que no admitan abiertamente que creen en el karma, pero su orgullo los traiciona. Solo se enorgullecerían de su prosperidad si creyeran que se debe completamente a su propio esfuerzo. Hasta que una gran calamidad financiera los golpea, creen que de alguna manera deben merecer la prosperidad, ya que de otro no estarían disfrutándola. Se jactan, como Nabucodonosor: "¿No es ésta la gran Babilonia que yo he edificado como residencia real con la fuerza de mi poder y para gloria de mi majestad?" (Daniel 4:30).

Los impíos piensan de manera instintiva que todas las bendiciones que tienen son suyas debido a que las merecen más o que son mejores que los que no las tienen. Después de todo, ¿por qué los dioses del destino y la fortuna los favorecerían si no fueran eminentemente buenos?

En Estados Unidos, vimos este tipo de orgullo narcisista desplegarse ante nuestros propios ojos en la carrera presidencial del 2016. Donald Trump, un "multimillonario artífice de su propio éxito", se encontraba por encima de los demás en el partido republicano casi desde el momento en que ingresó a la carrera. Independientemente de lo que pueda pensar acerca de Donald Trump y su capacidad para crear empleos, recortar gastos o hacer tratos con los líderes de otras naciones, nadie puede negar que el aspecto más dominante de su personalidad es su orgullo, su arrogancia y su narcisismo. Constantemente se nos recordaba acerca de sus habilidades, su intelecto, su éxito, su riqueza, sus talentos, sus habilidades, sus logros y su tendencia a ganar, por parte de nada menos que el mismo Donald Trump. Eso no sugiere que todos los demás candidatos fueran modelos de humildad como la de Cristo, pero la autopromoción de Donald Trump fue algo de otro mundo.

Esto no es singular entre los impíos ricos. Es común. Los impíos no tienen a nadie a quien dar crédito o agradecer por su éxito, aparte de ellos mismos. Finalmente, comienzan a creer que la vida les debe tales bendiciones de prosperidad. Primero, se atribuyen el mérito de sus riquezas y, luego, sienten que tienen derecho a sus riquezas.

Vergüenza al descubierto

Desafortunadamente, su orgullo no está oculto. En cambio, lo usan como un collar. Asaf empleó una ingeniosa metáfora para describir la forma en que estos hombres arrogantes y orgullosos demostraban su orgullo.

Así como uno podría colgarse un collar alrededor del cuello para exhibirlo de manera prominente, adornar su vestimenta y llamar la atención de todos, de la misma manera, los malvados prósperos llevan su orgullo abiertamente y sin vergüenza. Son descarados en su orgullo. Son ególatras y arrogantes, y no hacen nada por ocultarlo. Creen que son mejores que otros, y no tienen problema en decirlo. Están orgullosos de su soberbia. No buscan la humildad como una virtud, sino que la desprecian como a un vicio. Su mente depravada ve la humildad como un indicio de debilidad. No ven la humildad como un rasgo de personalidad que se debe intentar alcanzar, ni como una virtud que se debe admirar en los demás. Para los arrogantes, la humildad es un defecto. Para los piadosos, la humildad es una de las mayores virtudes.

La condenación que se da en Isaías ciertamente es adecuada para ellos: "La expresión de su rostro testifica contra ellos, y como Sodoma publican su pecado; no lo encubren. ¡Ay de ellos!, porque han traído mal sobre sí mismos" (Isaías 3:9). No carecen de orgullo, sino que tienen una actitud distinta hacia él. Los justos aborrecen el orgullo no solamente en los demás, sino que, ante todo, en sí mismos.

El orgullo es el pecado original del diablo (Isaías 14:12-14; Ezequiel 28:11-19).[1] Se ha observado correctamente que el orgullo es la madre de todos los demás pecados. La rebelión contra Dios nace de una preferencia por nuestra propia voluntad, gloria y preeminencia. Todo pecado es una preferencia consciente de uno mismo por sobre Dios.

---

1. Estos pasajes están dirigidos al rey de Babilonia y al rey de Tiro, respectivamente, aunque tanto Isaías como Ezequiel también estaban hablando acerca del poder demoníaco detrás de esos reyes terrenales.

Por razones obvias, el orgullo es igualmente repugnante ante Dios. Proverbios 16:5 dice: "Abominación al Señor es todo el que es altivo de corazón; ciertamente no quedará sin castigo". Proverbios 21:4: "Ojos altivos y corazón arrogante, lámpara de los impíos; eso es pecado". Aquello que es una abominación ante Dios es una gloria para los impíos. Ellos consideran que su orgullo es un adorno que deben usan los hombres. No se avergüenzan de su arrogancia, sino que hacen alarde de ella.

A Asaf le habría servido mucho prestar atención al consejo de Proverbios 16:19: "Mejor es ser de espíritu humilde con los pobres que dividir el botín con los soberbios". ¡Ciertamente no debería haber envidiado a tales necios!

El orgullo no es lo único que ostentan abiertamente. Asaf dice que "el manto de la violencia los cubre". Son tan descarados en su arrogancia que incluso usan la violencia como un manto.

El orgullo y la violencia van de la mano. Los orgullosos son violentos debido a que piensan que los demás no merecen el mismo respeto ni la misma dignidad que ellos. Piensan que los demás no son nada en comparación con ellos mismos y que, por lo tanto, los pueden utilizar o abusarpara sus propios fines. Esto conducirá inevitablemente a la violencia.

Un hombre orgulloso usará la violencia para quitarles a los demás lo que considera que le corresponde. Utilizará la violencia para oprimir a otros, para explotarlos y para abusar de ellos para su propio beneficio. Ellos no hacen esto en secreto. Son transparentes al respecto. ¿Por qué deberían avergonzarse de cómo tratan a los demás? Los demás no son dignos del mismo respeto que ellos merecen. Por lo tanto, ¿quién podría pensar que han hecho algo malo? Recuerde que primero se atribuyen el mérito de sus riquezas y, luego, sienten que tienen derecho a sus riquezas. ¡Ay de la persona que se interpone entre el hombre orgulloso y aquello a lo que él cree que tiene derecho!

El profeta Miqueas describió a dichos practicantes de iniquidad en Miqueas 2:1–2:

1 ¡Ay de los que planean la iniquidad,
los que traman el mal en sus camas!
Al clarear la mañana lo ejecutan,
porque está en el poder de sus manos.
2 Codician campos y se apoderan de ellos,
casas, y las toman.
Roban al dueño y a su casa,
al hombre y a su heredad.

Asaf veía hombres y mujeres que se habían vuelto altaneros y arrogantes. Ellos veían a las demás personas como medios para sus fines y no temían usar la violencia para lograr dichos fines. Spurgeon dijo: "Se jactan como fanfarrones, embisten y atacan, y, si pudieran, cabalgarían por encima de toda la humanidad".[2] Asaf los envidiaba. Ese es un triste comentario acerca de su condición espiritual en ese momento. Proverbios 3:31: "No envidies al hombre violento, y no escojas ninguno de sus caminos".

Una persona verdaderamente humilde no ve a los demás como medios para un fin. Una persona verdaderamente humilde ve a los demás como si fuesen más importantes que ellos mismos. Considera los intereses de los demás antes que los suyos (Filipenses 2:3-4).

Estos hombres demostraban su violencia de la misma manera en que demostraban su orgullo: abierta y descaradamente. Así como uno podría usar un traje de 10.000 dólares o un vestido de 50.000 dólares para llamar la

---

2. Charles Haddon Spurgeon, *The Treasury of David*, Vol. 2, *Psalms 58-110* (Peabody: Hendrickson Publishers), 248.

atención y hacer una declaración, estas personas orgullosas y prósperas están dispuestas a demostrar su violencia públicamente. Con mucho gusto la usan al aire libre como un manto.

No temen a las represalias. No le temen a la indignación pública. No temen perder su reputación ni su estatus. A esos hombres no les importa lo que otros piensen de ellos, porque se tienen en altísima estima. No pueden imaginar que alguien piense menos de ellos que lo que ellos mismos piensan. Su prosperidad parece protegerlos de los insultos, los problemas y la justicia que les corresponde. ¡Qué imagen tan vívida!

Salmo 73:7
Los ojos se les saltan de gordura;
se desborda su corazón con sus antojos.

Esta es una descripción bastante vívida. Las imágenes aquí son gráficas. Asaf describe a los impíos como aquellos que disfrutan de tales lujos, y se desbordan hasta tal extremo, que "los ojos se les saltan de gordura". La imagen aquí es que estos malvados estaban tan atiborrados que eran obesos hasta el punto de que la gordura de su rostro llegó a distorsionar sus ojos. Los ojos sobresalían de sus cabezas por la gordura. Cuando era niño, mis abuelos describían a aquellos que bebían demasiado diciendo: "los ojos les flotan". Esa es la imagen. Estos malvados tenían tanto para comer que los ojos se les salían de la cabeza.

En la época de Asaf, la obesidad era cualquier cosa menos una epidemia. La mayoría de las personas luchaban diariamente por ganarse el pan, luchando solo por poner otra comida sobre la mesa. No había muchas personas a las que se les permitiera el lujo de comer demasiado. Era radicalmente distinto de aquello a lo que estamos acostumbrados en nuestro propio país.

La gran mayoría de las personas en Estados Unidos vive con una abundancia desconocida para la mayor parte del mundo, y como jamás se ha visto en la mayor parte de la historia. Salomón, en toda su gloria, no disfrutó ni la más exigua de las comodidades modernas que ahora disfruto. Salomón no podía tocar un botón y ajustar el aire acondicionado de su hogar a un par de grados. Salomón no podía girar la manilla y tener a su disposición una cantidad ilimitada de agua fresca, limpia, tibia o fría. Salomón no podía comunicarse con sus amigos y familiares a medio mundo de distancia sin esfuerzo y libremente. Hoy vivo con un nivel de comodidad que era desconocido para los más grandes reyes del mundo. De ninguna manera soy rico. Soy parte del promedio.

Además, la mayor parte del mundo no tiene idea de lo que es tener una despensa llena de comida. No pueden imaginar cómo es tener un congelador lleno de carne, un refrigerador lleno de frutas y verduras frescas, y alacenas llenas de productos enlatados. De hecho, la mayor parte del mundo no tiene idea de lo que es un "sobrante". Mis hijos saben lo que son las sobras y se quejan cada vez que tienen que calentar uno en el microondas, que también es otro pequeño dispositivo que pondría celoso a Salomón.

Vivimos en una tierra y en una época de gran abundancia y grandes lujos. No solo sabemos lo que es tener provisiones abundantes, sino que además sabemos lo que es tener provisiones lujosas. Asaf no podía imaginar las variedades diarias y la provisión de alimentos que nosotros damos por sentado. A él le parecía que los impíos siempre tuvieron más que suficiente.

Mientras que a los justos les falta, los impíos se empachan. Mientras que los justos tienen la suerte de disfrutar de un banquete al año, los impíos parecen seguir en una cadena interminable de festines y satisfacciones golosas. Mientras que los que temían a Dios apenas tenían lo necesario para vivir, los que odiaban a Dios se saciaban con los festines más engordadores, más ostentosos y más abundantes que se pueda imaginar. ¡Qué injusticia!

Y para ir más allá, cuando se trataba de satisfacciones, "se desborda[ba] su corazón con sus antojos". Lo que su corazón deseaba, lo disfrutaban. Lo que pudiesen imaginarse, lo tenían.

Sin importar cuán ostentoso o extravagante sea el gasto, parece que los impíos prósperos pueden disfrutarlo. Si lo desean, lo consiguen. Sus lujos superan su codicia. No solo tienen lo suficiente mientras que los demás no tienen nada, sino que tienen más que suficiente. Pueden permitirse el lujo de no escatimar en gastos y derrochar su dinero, para su propio confort y bienestar, en cualquier placer terrenal o cualquier disfrute físico que se puedan imaginar.

Todos podemos pensar en ejemplos actuales de impíos que hacen lo mismo. Los cristianos en Irán están en prisión y viven con migajas, mientras que los mulás viven en palacios y disfrutan banquetes de proporciones épicas. El líder de Corea del Norte mata de hambre a sus ciudadanos mientras exhibe su propia cara engordada en todos los carteles del país. Los ojos se le saltan de la gordura.

La mayoría de los impíos prósperos de nuestros días desperdician más comida que la que come mi familia. De hecho, desperdician más recursos de lo que la mayoría de nosotros pudiera imaginar. A la vez que no consideran a Dios ni le dan gracias en absoluto, disfrutan una riqueza y una prosperidad con las que solo podemos soñar. Ellos son los impíos, los arrogantes, los orgullosos y los violentos.

Es la pecaminosidad y la maldad de estas personas prósperas lo que irritó tanto a Asaf. Él no lamentó que David disfrutara riquezas, ni condenó el tesoro que disfrutaban los justos. La gran injusticia radicaba en que tal tesoro pertenecía a aquellos llenos de orgullo y violencia.

Es importante reconocer que el problema no era ni la existencia ni el uso de la riqueza. Asaf no se lamentaba de que las personas disfrutaran dicha prosperidad. No es la prosperidad lo que es inherentemente pecaminoso o malo. Lo que frustró a Asaf fue el hecho de que parecía ser que tal prosperidad descansaba casi completamente en las manos de quienes menos lo merecían.

La Biblia no enseña que ser rico sea un pecado. Abraham fue rico (Génesis 13:2). Job y David fueron ricos (Job 1:3; 1 Crónicas 29:3-5). José de Arimatea era rico (Mateo 27:57). Hubo personas justas y piadosas en las Escrituras a quienes Dios bendijo con riquezas y patrimonio (Proverbios 10:22). No deberíamos pensar ni por un momento que el lamento de Asaf lo colocaría cómodamente en el movimiento "Ocupa Wall Street" (Occupy Wall Street), gritando en contra del "1%" y exigiendo egoístamente la redistribución de la riqueza del gobierno en aras de una revolución al estilo de Bernie Sanders. Asaf no era un guerrero liberal de la justicia social que lamentaba la libertad que otros tenían de usar sus recursos como consideraran conveniente. Lo que desconcertó a Asaf fue la maldad de estos hombres y de estas mujeres que disfrutaban de tales bendiciones. El problema no era la existencia de la prosperidad, sino la maldad de los hombres en cuyas manos descansaba.

¿Cómo fue posible que Dios, quien es bueno para con su pueblo (para con los puros de corazón), pudiera dar tantas riquezas a hombres como estos? ¿Por qué toleraría Dios que hombres tan lascivos disfrutaran de todos esos lujos?

La terrible lengua de los impíos prósperos

Salmo 73:8
Se mofan, y con maldad hablan de opresión.
Hablan desde su encumbrada posición.

Es casi imposible lograr que un hombre orgulloso cierre la boca. Una característica distintiva de un hombre que usa su orgullo como un collar es la capacidad que tiene para hablar incesantemente de sí mismo: de sus propios logros, sus propias hazañas y su propia sabiduría. El impío cree que él mismo es la razón de sus riquezas, y por eso habla sin cesar sobre sí mismo.

Lo que hablan los impíos no solo es egocéntrico y vanaglorioso, sino que se opone de forma característica a Dios con arrogancia. Cualquier hombre o mujer que busque verse bien primeramente debe hacer que todos y cada uno de sus rivales se vean pequeños. El hombre orgulloso no puede tolerar competidores. Su boca servirá como respiradero para la orgullosa inmundicia que llena su corazón.

Jesús habló sinceramente de la conexión entre lo que hay en nuestro corazón y las palabras de nuestra boca. En Mateo 12:34–37, condenó a los fariseos con estas palabras:

> ¡Camada de víboras! ¿Cómo podéis hablar cosas buenas siendo malos? Porque de la abundancia del corazón habla la boca. El hombre bueno de su buen tesoro saca cosas buenas; y el hombre malo de su mal tesoro saca cosas malas. Y yo os digo que de toda palabra vana que hablen los hombres, darán cuenta de ella en el día del juicio. Porque por tus palabras serás justificado, y por tus palabras serás condenado.[3]

---

3. Consulte también Lucas 6:45.

No es ninguna sorpresa que Asaf describiera la forma de hablar de estos necios prósperos. Podríamos esperar que el orgullo que llenaba sus corazones brotara de sus bocas, y ciertamente lo hizo.

Desde el versículo 8 podemos ver tres cosas que caracterizan su discurso.

Primero, su manera de hablar está marcada por la burla. Los orgullosos prósperos no honran a Dios con sus labios, sino que se burlan de Él. En vez de usar su lengua para alabar a Dios, para honrarlo a Él que es el dador de toda buena dádiva (Santiago 1:17), usan su boca para burlarse de Dios y de Su verdad. Ellos no van a usar su lengua hablar "de [Su] justicia y de [Su] alabanza todo el día" (Salmo 35:28). Su orgullo no les permitirá darle la gloria a otro. Deben tener toda la gloria para sí mismos. En su lugar, se burlan de Dios. "La boca del justo profiere sabiduría y su lengua habla rectitud" (Salmo 37:30), pero la boca de un necio se entrega a la burla de todo aquello que es importante para el justo.

Nada ha cambiado. En nuestros días, la gente se burla habitualmente de los cristianos en la televisión, en las noticias y entre las élites. De hecho, los cristianos, la religión cristiana, la Biblia y el Dios verdadero son las únicas cosas de las que se pueden burlar con impunidad. Si algún presentador de noticias, incluso una vez, tratara al islam con la misma falta de respeto que se muestra hacia el cristianismo de forma rutinaria, lo despedirían, lo ridiculizarían y le prohibirían volver a trabajar para cualquier medio informativo.

La Palabra de Dios es objeto de burla en todas las instalaciones educativas estatales, desde el jardín infantil hasta la escuela de posgrado. Bill Maher ataca de manera habitual a los cristianos y a la Biblia, y gana millones de dólares haciéndolo. Bill Nye the Science Guy es una sensación en gran parte debido a su abierta oposición al teísmo cristiano y la doctrina de la creación. Hace tan solo unos años, en el 2015, se burló abiertamente de la campaña provida y de los cristianos que basan su moral en la Biblia.

Jesús dijo que esto sería así. Él les advirtió a sus discípulos en Juan 15:18–25:

> Si el mundo os odia, sabéis que me ha odiado a mí antes que a vosotros. Si fuerais del mundo, el mundo amaría lo suyo; pero como no sois del mundo, sino que yo os escogí de entre el mundo, por eso el mundo os odia. Acordaos de la palabra que yo os dije: "Un siervo no es mayor que su señor". Si me persiguieron a mí, también os perseguirán a vosotros; si guardaron mi palabra, también guardarán la vuestra. Pero todo esto os harán por causa de mi nombre, porque no conocen al que me envió. Si yo no hubiera venido y no les hubiera hablado, no tendrían pecado, pero ahora no tienen excusa por su pecado. El que me odia a mí, odia también a mi Padre. Si yo no hubiera hecho entre ellos las obras que ningún otro ha hecho, no tendrían pecado; pero ahora las han visto, y me han odiado a mí y también a mi Padre. Pero han hecho esto para que se cumpla la palabra que está escrita en su ley: "ME ODIARON SIN CAUSA".

Aunque el odio del mundo hacia la Luz no debería sorprendernos, puede ser desalentador observarlos prosperar a partir de dicho odio. Jamás le negaría a nadie el derecho de creer lo que quiera o de hablar como desee con respecto a sus creencias, pero ciertamente puedo comprender la frustración de Asaf cuando vio que esos burlones disfrutaban un pase gratuito al dinero fácil.

Segundo, su discurso es violento. "Con maldad hablan de opresión". Después de haber ganado gran parte de sus riquezas a través de la violencia abierta, ahora se jactan de tal opresión. Para ellos no es suficiente oprimir a otros como parte de la rutina, sino que se jactan de dicha opresión. Se regodean en su abuso de los demás. Planifican su opresión. Se deleitan en estas cosas, y hablar de sus caminos opresivos, abusivos y violentos es algo instintivo para ellos. No ven nada malo en abusar de las personas para sus propios fines.

Spurgeon escribe:

> Eligen la opresión como algo suyo, y no solo la defienden, sino que abogan por ella, se glorían en ella y fingirían que es la regla general entre todas las naciones... En efecto, vemos que los impíos, después de haber tenido durante algún tiempo todo lo necesario para prosperar según sus deseos, rechazan toda clase de pudor y no se esfuerzan por ocultarse cuando están a punto de cometer iniquidad, sino que proclaman su propia bajeza de manera estentórea.[4]

Hitler habló abiertamente de su "solución final". No ocultó sus intenciones, ni sus funestas maquinaciones, ni sus planes asesinos. Fue descaradamente abierto acerca de sus actos de opresión y violencia. Prosperó en ellos, al menos por un tiempo.

En el 2015, el Centro para el Progreso Médico publicó una serie de videos clandestinos en los que se muestran los horrores de la industria del aborto.[5] En dichos videos, las ejecutivas de Planned Parenthood hablaban abiertamente sobre métodos para asesinar a niños no nacidos con el fin de maximizar las

---

4. Bajeza se refiere a "un carácter vil, vergonzoso o básico; depravación; un acto vil o depravado". Spurgeon, 248 y 260.
5. http://www.centerformedicalprogress.org/

ganancias a partir de la venta de órganos y tejidos intactos. Esto lo hacen mientras beben vino y comen ensalada en un restaurante elegante. En un video perturbador, una ejecutiva de Planned Parenthood comenta fríamente: "Quiero un Lamborghini". Con maldad hablan de opresión. ¡Estos son los impíos, que aumentan sus riquezas!

Los impíos arrogantes y prósperos describen despreocupadamente la manera en que explotan a los demás. Hablan abiertamente de cómo usan las leyes para su beneficio y cómo compran favores e influencia entre los ricos y los poderosos. Hablarán sin vergüenza sobre cómo han usado, abusado y explotado a los demás para su propio beneficio personal. Se mofan, y con maldad hablan de opresión.

Tercero, su discurso es orgulloso y desdeñoso. Como dice Asaf: "hablan desde su encumbrada posición".

¿Alguna vez ha tenido la desgracia de pasar mucho tiempo con alguien que nunca puede pronunciar la frase "no lo sé"? Estas son personas que saben todo sobre todo. Sin importar cuál sea el tema, hablan como si fueran expertos. Sin importar qué campo de conocimiento sea el centro de la conversación, esta persona ha estado allí, ha hecho aquello y es experta en todo lo relacionado con ello. Aunque una autoconfianza tan engreída puede hacer que las personas inicialmente piensen que son conversadores competentes y leídos, finalmente desgasta bastante. La gente comienza a entender el juego. Finalmente, su experiencia en todos los campos comienza a sonar bastante grosera y pueril.

Los que usan el orgullo como un collar también hablan como si fueran grandiosos. Se caracterizan como un E. F. Hutton moderno e imaginan a las personas a su alrededor silenciando sus propias conversaciones para escuchar las suyas. Suponen con arrogancia que todos están conteniendo el aliento, escuchando con atención cada palabra de la sabiduría de su encumbrada posición.

Estos hombres se exaltan a sí mismos como si estuvieran hablando las mismísimas palabras de Dios. Hablan como si tuvieran autoridad y las personas estuvieran obligadas a escucharlos. En vano imaginan que tienen soluciones para los problemas que nos aquejan a todos. Hablan como si fueran los dispensadores del conocimiento sobre la vida, la felicidad, la prosperidad, la eternidad y los problemas que enfrentan nuestras naciones.

El ciclo de noticias de 24 horas está lleno de personas que dan cátedras sobre temas de los que no saben nada, en un bucle sin fin que haría que los creadores de la película *Hechizo del tiempo* sintieran envidia. Esta combinación de elitistas de los medios, expertos de la clase dirigente política y "contribuyentes" es lo que se hace pasar por noticias. Estos son los expertos que "hablan desde su encumbrada posición".

Considere la arrogancia de nuestros gobernantes que esperan que obedezcamos los edictos de los jueces de la Corte Suprema como si estos hombres y estas mujeres hablaran los mismos oráculos de Dios. Este conjunto de hombres y mujeres ampliamente paganos, empapados de sabiduría mundana y satánica, "entregan" sus decisiones como si fueran decretos divinos. A todos se nos dice que nos pongamos en la fila y obedezcamos en silencio. Hablan desde su encumbrada posición.

Las Escrituras dicen: "El temor del Señor es el principio de la sabiduría; los necios desprecian la sabiduría y la instrucción" (Proverbios 1:7) y "El principio de la sabiduría es el temor del Señor, y el conocimiento del Santo es inteligencia" (Proverbios 9:10). La verdadera sabiduría y el verdadero conocimiento solo se encuentran disponibles para los justos que temen al Señor y se someten a Su sabiduría y revelación de la verdad. Hay más sabiduría verdadera y conocimiento verdadero en el corazón de un pobre mendigo justo que conoce la Palabra de Dios y teme a Dios que en todos los magistrados terrenales, todos los jueces de la Corte Suprema y todas las cabezas parlantes de los medios combinados. Spurgeon escribió:

> Sus elevadas cabezas, como chimeneas altas, vomitan humo negro. De ellos fluyen grandes alardes; sus palabras son colosales, su grandilocuencia es absurda. Son el Señor Sabiduría en todos los casos, hablan desde la banca del juez y esperan que todo el mundo se asombre ante ellos.[6]

El desfile de las lenguas

Salmo 73:9
Contra el cielo han puesto su boca,
y su lengua se pasea por la tierra.

Los impíos prósperos demuestran su insolencia apuntando su discurso contra el cielo mismo. No se contentan con abusar de los hombres con sus palabras, sino que además consideran necesario apuntar a Dios con sus púas. El orgullo los convierte en enemigos de Dios, y sus bocas en Sus abusadores.

Aunque estos necios prósperos deberían inclinarse para agradecer a Dios por cada bendición que disfrutan, en su lugar lo amenazan con el puño y lanzan acusaciones abusivas y blasfemias contra Él. Ciertamente, "Sepulcro abierto es su garganta, engañan de continuo con su lengua, veneno de serpientes hay bajo sus labios; llena esta su boca de maldición y amargura" (Romanos 3:13–14).

---

6. Spurgeon, 248.

Dios, el dador de toda buena dádiva que han disfrutado, no recibe nada más que abusos y blasfemias de parte de ellos. Él es el objeto de su odio candente. Si se les diera la oportunidad y los medios, alcanzarían el cielo y sacudirían el trono de Dios con tanta violencia como para sacarlo de ahí. Hablan falsedades para asaltar al Dios de la verdad. Hablan oscuridad para nublar la luz de la revelación. Difaman al Dios que es infinitamente digno de su alabanza y adoración.

No es ninguna sorpresa que los incrédulos hablen así, pero es desconcertante verlos prosperar en ello. Nuevamente, este es el centro de la queja de Asaf. Es de esperarse que hombres y mujeres impíos y no regenerados blasfemen contra Dios. Es de esperarse que expresen su odio y la oscuridad de su corazón a través de sus palabras. Lo que no esperamos es que se beneficien tan ampliamente debido a su rebelión, ni que Dios permita dicha prosperidad.

¿Por qué Dios permite que Richard Dawkins, Sam Harris, Christopher Hitchens y Daniel Dennett (en conjunto, conocidos como "los cuatro jinetes del nuevo ateísmo") reciban un tesoro tan abundante a partir de sus campañas ateas? Estos hombres pasan sus días luchando contra Dios, en quien no creen. Ganan millones de dólares presentando argumentos ateos, calumniando al Dios de la Biblia y atacando el teísmo cristiano. ¿Por qué deberían las riquezas y el honor, las bendiciones y los tesoros, ser la suerte de los hombres que "contra el cielo han puesto su boca"?

Además, ¿por qué deberían tener tanta libertad de expresión en su discurso perverso? Podríamos esperar que Dios limitara los efectos de sus diatribas blasfemas. En cambio, su discurso impío y abusivo se extiende como la gangrena por la tierra.

La imagen que utiliza Asaf es realmente muy vívida. Imagine una lengua caminando con la cabeza en alto, pavoneándose sin obstáculos por toda la tierra. Con toda la pomposidad y vanagloria que podríamos esperar de la boca de los impíos prósperos, sus lenguas se pavonean de ciudad a ciudad, de pueblo a pueblo y de aldea a aldea. Su lengua difunde mentiras, engaños y viles discursos. Ellos prosperan por eso.

Los justos anhelan el día en que "la tierra estará llena del conocimiento del SEÑOR como las aguas cubren el mar" (Isaías 11:9), y sus almas se entristecen cuando ven que se blasfema el nombre de Dios en todos los rincones del mundo. Sin embargo, lamentablemente, parece que cuanto más abusivo es el discurso o más engañosa es la mentira, mayor es la propagación del cáncer. Sus palabras no tienen fin y su influencia no conoce límites.

Vivimos en una época en la que dicho "desfile" es más posible que nunca. Asaf nunca podría haber soñado con el día en que las mentiras blasfemas del evangelio de la prosperidad, el engaño carismático y la Nueva Reforma Apostólica podrían transmitirse instantáneamente de Houston a Nairobi. Hoy en día, la lengua arrogante de Creflo Dollar se graba en cualquier lugar de EE. UU., y se transmite instantáneamente por satélite hasta la aldea más remota de Asia. La Internet, la radio, la televisión y el acceso barato a toda clase de medios masivos de comunicación proporcionan una plataforma para las mentiras blasfemas de los necios impíos que las generaciones anteriores nunca podrían haber imaginado. Su lengua se pasea por la tierra.

Además, la cosmovisión impía que promueve la cultura estadounidense y que se propaga a través de las tonterías de Hollywood encuentra una audiencia receptiva en casi todas las naciones del planeta. Los mismos medios masivos de comunicación que permiten que se escuche el sermón expositivo de un fiel pastor de cualquier lugar de Nebraska en todo el mundo, también permiten que las blasfemias ateas y de odio hacia Dios de aquellos que "contra el cielo han puesto su boca" se paseen por la tierra. ¿Cuál cree que tiene más prensa? Existe un viejo adagio que dice: "Una mentira puede viajar por medio mundo mientras la verdad está poniéndose los zapatos".[7]

¿Se siente identificado?

No solo puede sentir la frustración de Asaf, sino que también puede sentirse identificado con ella. ¿No desearía que la sabiduría y la cosmovisión de los hombres justos dominara el discurso público? ¿No le gustaría que las ondas de radio, los medios y la cultura estuviesen impregnados del verdadero conocimiento de Dios, en lugar de las mentiras y las blasfemias perpetuadas por los impíos? ¿No parece que la vida sería mejor, la gente estaría mejor y el mundo sería un lugar mejor para vivir, si los justos tuvieran la riqueza y el tesoro que actualmente disfrutan los arrogantes? ¿No siente a veces que solo las personas incorrectas disfrutan de la riqueza de este mundo?

Asaf lo sintió así. Se encontró envidiando por una razón a los mismos réprobos que despreciaba por otra. Ciertamente, "casi resbalaron [sus] pasos". Si no tenemos la perspectiva que Dios tiene de los impíos y sus riquezas, fácilmente podemos caer en la misma trampa.

A la larga, llegaremos a esa perspectiva (v. 15ff.), pero primero debemos fijarnos en una traición aprobada. Ese es el siguiente capítulo.

---

7. Aunque a menudo se le atribuye esta frase a Mark Twain, nadie sabe realmente dónde se originó el adagio. Ha aparecido por cientos de años de diversas maneras.

4

Una traición aprobada

Salmo 73:10-12
Por eso el pueblo de Dios vuelve a este lugar,
y beben las aguas de la abundancia.
Y dicen: ¿Cómo lo sabe Dios?
¿Y hay conocimiento en el Altísimo?
He aquí, estos son los impíos,
y, siempre desahogados, han aumentado sus riquezas.

Experimento mental: imagine que se incorporara una "conciencia física" a la fisiología humana. Imagine que cada vez que alguien dijera una mentira, su boca y garganta comenzaran a arder inmediatamente con un dolor implacable y tormentoso, como si hubieran ingerido un puñado de Carolina Reapers.[1] Imagine, además, que este dolor implacable duraría una hora y luego desaparecería.

---

1. Se dice que el Carolina Reaper es el pimiento más picante del mundo. Tiene una clasificación de 2.200.000 SHU (del inglés *Scoville Heat Units*, unidades de picor Scoville). El Naga jolokia tiene el 7.º lugar, con 1.041.427. https://www.crazyhotseeds.com/top-10-worlds-hottest-peppers/

¡Oh, cuán distinta sería la vida! ¿Cree que los casos judiciales serían más fáciles y rápidos? ¿Cuánto más cortos serían los boletines de noticias y los anuncios publicitarios? Los debates de las mesas redondas políticas en su canal favorito de noticias por cable sonarían muy diferentes. ¡Resolver las discusiones entre sus hijos podría ser divertido! ¿Qué tan divertido sería ver a los televangelistas en TBN?

¿Con qué frecuencia mentiría? ¿Con qué frecuencia sentiría la tentación de mentir? ¿Cuán detenidamente evaluaría cada declaración que realizaría para ver su exactitud y precisión antes de pronunciarla?

El atractivo de la deshonestidad es mucho mayor cuando creemos que tenemos una buena oportunidad de "salirnos con la nuestra". Estamos mucho más dispuestos a ser partícipes de conductas impías si las consecuencias de nuestro comportamiento no son inmediatas. Un hombre inmoral ve pornografía o comete adulterio porque se ha convencido de que puede evitar las consecuencias de su pecado. Él cree que su esposa nunca se enterará. Está convencido de que nunca llegará la hora de la verdad.

Cuando era joven, solía abusar de mi cuerpo con un abandono temerario. A menudo trepaba los árboles y saltaba, me tiraba del techo de nuestra casa o saltaba del ático del granero de mis abuelos. Independientemente de si estaba nadando, montando mi bicicleta, dándome un aventón en un tren o saltando desde alguna estructura, era negligente hasta el punto de la estupidez.

Mis parientes mayores solían advertirme: "¡Vas a arrepentirte de hacer eso cuando tengas unos 40 años!" o "lo sentirás cuando seas mayor".

¡¿Mayor?! Nunca planeé envejecer. ¿40? ¡Eso estaba demasiado LEJOS de la actualidad! Jamás podría ser tan malo como todos decían, ¿verdad? Yo iba a ser el tipo que escaparía de las consecuencias. Sufrir posteriormente no estaba garantizado, así que estaba dispuesto a arriesgarme.

Los cuarenta llegaron mucho más rápido de lo que jamás imaginé. ¡Resulta que las advertencias de mis parientes mayores tuvieron una precisión casi profética! Si tuviera un DeLorean para viajar en el tiempo, ¡volvería a 1984, me abofetearía y me diría que espabilara!

Mientras más distancia haya entre nuestras acciones y las consecuencias de nuestras acciones, más fácil será convencernos de que esas consecuencias pueden evitarse. Salomón manifestó ese principio de esta manera: "Como la sentencia contra una mala obra no se ejecuta enseguida, por eso el corazón de los hijos de los hombres está en ellos entregado enteramente a hacer el mal" (Eclesiastés 8:11). Cuando se retrasa la justicia, se incentiva el mal.

Los padres entienden cómo funciona este principio con sus hijos. Cuando una madre dice: "¡Solo espera a que tu padre llegue a casa!", el niño escucha: "¡Probablemente me olvidaré de todo esto de aquí a que tu padre llegue a casa!".

En el ámbito civil[2], vemos la veracidad de la observación de Salomón en los titulares de cada día. Un hombre que comete un crimen violento espera durante años mientras se hace justicia. La investigación, los juicios y las apelaciones pueden tardar décadas en resolverse a través del "sistema judicial" antes de que se dicte una sentencia. Las cosas de palacio van despacio, como mucho. Las consecuencias de esto están a la vista de todos. El corazón de los hijos de los hombres en nuestra propia nación está completamente preparado para hacer el mal.

---

2. Principalmente, lo que Salomón está abordando en este texto es el campo del gobierno civil y su ejecución de la justicia ante el crimen.

Cuando las consecuencias llegan lentamente, se incentiva el mal. Cuanto más desconectado esté el castigo del crimen, más se alienta el crimen. Es igual con la conducta de los impíos. Los impíos prósperos se vuelven atrevidos en su irreverencia e impiedad. Se endurecen en su rebelión, ya que cada día que pasa trae prosperidad (en lugar de castigo) por su pecado.

Empiezan a concluir que a Dios no le debe importar su pecado, si es que no se da cuenta. Y dicen: ¿Cómo lo sabe Dios? ¿Y hay conocimiento en el Altísimo? (Salmo 73:11). Cuando los impíos no enfrentan ningún tipo de justicia divina inmediata, ni por su orgullo, ni por su violencia, ni por su burla, ni por su opresión, ni por su discurso insolente, comienzan a cuestionarse si ALGUNA VEZ habrá tales consecuencias. Después de todo, piensan: "¿Hay conocimiento en el Altísimo?".

Un pasaje problemático

Los versículos 10-12 de este salmo presentan un reto interpretativo complejo. Una búsqueda en media docena de comentarios probablemente arrojará al menos una cantidad igual o mayor de posibles interpretaciones. Como Spurgeon dice con respecto al versículo 10: "Parece imposible determinar con algún grado de precisión el significado de este versículo, o a quiénes se refiere".[3]

Con los pasajes desafiantes de las Escrituras, a veces podemos llegar a la interpretación correcta descartando otras posibilidades. Digamos, por ejemplo, que hay cuatro posibles interpretaciones de un pasaje. Probablemente podríamos descartar tres de ellas si barajamos las opciones a través de una serie de preguntas:

---

3. Charles Haddon Spurgeon, *The Treasury of David*, Vol. 2, *Psalms 58-110* (Peabody: Hendrickson Publishers), 260.

1. ¿Se ajusta esta interpretación al contexto?

2. ¿Se adecua esta interpretación al flujo del argumento o la narrativa que presenta el autor?

3. ¿Encaja esta interpretación con otros pasajes de las Escrituras?

Cualquier posible interpretación de un pasaje que no se ajusta ni al contexto, ni al argumento del autor en ese contexto, ni a la doctrina que se encuentra en el resto de las Escrituras, ciertamente no puede ser la interpretación correcta. En el caso del Salmo 73:10-12, incluso después de pasar los versículos por esta hermética rejilla interpretativa, todavía nos quedan varias formas buenas, viables y posibles de entender el pasaje.

Considere las distintas posibilidades interpretativas que presentan los siguientes versículos.

Salmo 73:10
Por eso el pueblo de Dios vuelve a este lugar,
y beben las aguas de la abundancia.

Preguntas:

1. ¿Quiénes son "el pueblo de Dios"? ¿Describe esto al pueblo de Dios que permanece fiel a Él? ¿Se refiere esto a los "temerosos de Dios" apóstatas cuyos pies resbalan (v. 2) y se unen a los impíos? ¿O son estas las personas que se han unido a la causa de los impíos prósperos? ¿Describe a aquellos hombres y mujeres que rodean a los impíos y aprueban su rebelión?

2. ¿Qué es "este lugar"? Algunos sugieren que se refiere al templo. Algunos dicen que se refiere a un "lugar de lamento", en el sentido de que estas personas (quienesquiera que sean)

finalmente llegan a "este lugar" para denunciar la prosperidad de los impíos, como Asaf lo ha estado haciendo en este salmo. Algunos dicen que "este lugar" se refiere al lado de los impíos, en el sentido de que vienen a unirse a la causa de los impíos. O "este lugar" podría referirse al hecho de tropezar con la prosperidad de los impíos, como casi lo hizo Asaf (v. 2).

3. ¿Qué son "las aguas de la abundancia"? Esto podría ser una figura retórica para referirse a un cáliz de ira, en el sentido de que "su pueblo" (la gente aliada con los impíos) se bebe todo el cáliz del furor de Dios por su pecado. Podría referirse literalmente al agua, en el sentido de que estas personas obtienen algún tipo de alivio. En sentido figurado, podría referirse a las lágrimas, en cuanto a que el resultado de unirse a la causa de los impíos es que "su pueblo" termina bebiendo sus propias lágrimas.

4. ¿Qué significa la palabra "beben"? Esta palabra puede referirse a "beber abundantemente", "beber hasta la última gota", "ser exprimido" o "exprimir". Esta palabra, en realidad, puede significar "escurrir, o sea, extraer el líquido de una cosa, retorciéndola con las manos" (Jueces 6:38).[4] Entonces, ¿se refiere la palabra a beber estas "aguas de la abundancia" o exprimirlas de algo o de alguien más?

5. ¿Quiénes son los que beben? ¿Se refiere esto a los impíos prósperos, a sus seguidores, al pueblo de Dios o a los apóstatas que dejan el temor a Dios para unirse a los impíos?

Como puede ver, discernir la intención de Asaf es muy difícil. Una combinación de las opciones anteriores produce una selección bastante diversa de significados. De acuerdo, no todos son igualmente válidos, pero varios de ellos sí lo son. Puede hacerse una idea de la variedad de formas en las que se puede

---

4. J. Swanson, *Diccionario de idiomas bíblicos: Hebreo (Antiguo Testamento)* (edición electrónica). Oak Harbor: Logos Research Systems, Inc., 1997.

entender el versículo si observa cómo las diferentes traducciones representan el texto.

RVA: Por eso su pueblo vuelve aquí,
Y aguas de lleno le son exprimidas.

RVR1960: Por eso Dios hará volver a su pueblo aquí,
Y aguas en abundancia serán extraídas para ellos.

NVI: Por eso la gente acude a ellos
y cree todo lo que afirman.

DHH: Por eso la gente los alaba
y no encuentra ninguna falta en ellos.

LBLA: Por eso el pueblo de Dios vuelve a este lugar,
y beben las aguas de la abundancia.

El versículo 11 presenta algunas preguntas más.

Salmo 73:11
Y dicen: ¿Cómo lo sabe Dios?
¿Y hay conocimiento en el Altísimo?

1. ¿Quiénes son los que "dicen"? ¿Se refiere esto a "su pueblo", que ya se mencionó en el versículo anterior, o a aquellos que obtienen las "aguas de la abundancia"? ¿O hace referencia a los "impíos" que se mencionan en el siguiente versículo, el versículo 12?

2. ¿Quién es el que cuestiona el conocimiento del Altísimo? ¿Son estos los impíos (v. 12) que se estimulan en su pecado debido a que pareciera que Dios no considera sus caminos? ¿O

son los justos que se preguntan si Dios ve su sufrimiento y opresión?

Es completamente posible que no podamos comprender con certeza alguna el significado que Asaf tenía en mente. Después de todo, el versículo 10 podría ser un proverbio, una figura retórica, una metáfora o una referencia velada a un ícono cultural, cuyo significado era conocido por todos en los días de Asaf, pero que nosotros hemos perdido después de 3.000 años.

Imagine que yo escribiera un breve artículo sobre uno de nuestros ciclos electorales más recientes y lo describiera como "una competencia por el poder entre dos partidos políticos, con el auspicio de *House of Cards* y *Game of Thrones*".[5] Todos los que leen esas palabras hoy en día entienden las referencias culturales a dos programas de televisión, pero puede imaginar la confusión que podría surgir dentro de 3.000 años cuando los lectores intenten discernir lo que quise decir. En una cultura radicalmente distinta y sin ningún conocimiento de nuestro contexto, el alcance total de mis palabras se perdería. Puede que sea eso con lo que estamos tratando en el versículo 10.

Significados más probables

Podemos reducir la lista de posibilidades a algunos significados que se adaptan mejor al contexto. Podemos organizar las posibilidades bajo tres encabezados. Estos versículos describen una de estas opciones:

* El lamento del pueblo de Dios

---

5. Para que quede claro, yo, Jim Osman, jamás he visto ni siquiera un solo episodio de ninguno de estos programas. Esto tampoco es, en ninguna manera, una recomendación. Se trata de una referencia a estos fenómenos culturales solo con fines ilustrativos.

* El alivio del pueblo de Dios

* La apostasía del pueblo de Dios

Es así como los comentaristas han entendido mayoritariamente estas palabras de Asaf.

El lamento del pueblo de Dios

Opción n.º 1: Asaf está describiendo cómo el pueblo de Dios lamenta su trato a manos de los impíos prósperos. El pueblo de Dios viene al templo con su queja. Vienen al santuario de Dios (v. 17), donde lloran abundantes lágrimas a causa de su propia disciplina y vida difícil (v. 14), y expresan su desconcierto por la riqueza que disfrutan los impíos. Estos justos incluso comienzan a preguntarse si Dios sabe de sus dificultades (v. 11), ya que Él parece mostrarse indiferente ante la rebelión y el aumento de la riqueza de estos impíos prósperos (v. 12).

La vida fácil y la prosperidad de los impíos pueden causar una gran angustia a los justos. ¿Cuántos hombres o mujeres justos han llorado ante Dios por la aflicción que sufren, mientras que su vecino pagano e impío anda relajado por la vida, sin preocuparse por nada? ¡Demasiados! Al no contar con la perspectiva de Dios sobre la prosperidad de los impíos, el justo comienza incluso a cuestionar si es que Dios realmente sabe por lo que está pasando. ¿Cómo puede Él callar ante semejante inequidad? ¿Ve nuestras abundantes lágrimas cuando se nos exprimen ante Él?

Esta incertidumbre con respecto al conocimiento y la bondad de Dios es el mismo resbalón de pies que Asaf describió en el versículo 2: "En cuanto a mí, mis pies estuvieron a punto de tropezar, casi resbalaron mis pasos". Debido a la riqueza que disfrutan los impíos (vv. 3-5) pese a la severidad de su pecado

(vv. 6-9), los justos claman a Dios y se preguntan si es que Él los ve y se preocupa por ellos (vv. 10-12).

Opción n.º 2: Asaf está describiendo cómo el pueblo de Dios lamenta Su aparente indiferencia. Según este punto de vista, en el versículo 10 se describe al pueblo de Dios, que viene al templo llorando abundantemente. El versículo 11 se toma como si las palabras fuesen de los justos, quienes comienzan a cuestionarse si es que hay "conocimiento en el Altísimo". Este punto de vista es similar al primer punto de vista, con la excepción de que lo que lamentan los justos no es el trato que reciben por parte de los impíos, sino la aparente indiferencia de Dios ante dicho trato.

Puede haber habido algunos en la nación de Israel cuyos pies casi resbalaron (v. 2), no porque sintieran envidia de los impíos prósperos, sino porque comenzaron a dudar del conocimiento y el cuidado de Dios frente a esa prosperidad y su propia aflicción. Ellos reflexionaron sobre su propia aflicción (v. 14) y comenzaron a cuestionar el beneficio de servir a Dios (v. 14).

Opción n.º 3: Asaf está describiendo cómo el pueblo de Dios lamenta la prosperidad de los impíos. Como en el caso de los otros puntos de vista, este encaja con el contexto. De acuerdo con este punto de vista, Asaf se encuentra entre "Su pueblo", quienes vuelven al templo derramando abundantes lágrimas para lamentar la aparente bendición de Dios sobre los impíos. En los versículos 1-9 se ha registrado el lamento de Asaf, y ahora otros que comparten su angustia se le unen. En el versículo 11 se describiría a los impíos que se burlan de los justos e insinúan que Dios ignora su clamor, su sufrimiento o los actos opresivos de los impíos.

Opción n.º 4: Asaf está describiendo cómo los impíos prósperos tratan a los justos. En este punto de vista, se considera que "Su pueblo" se refiere al "pueblo de Dios", y que "este lugar" se refiere a estar bajo el poder de los impíos.

Asaf acababa de describir cómo estos impíos prósperos se caracterizan por la violencia y el orgullo (v. 6), así como por la burla y la opresión (v. 8). Por lo tanto, Asaf puede estar describiendo el trato que reciben los justos a manos de ellos. Las "aguas de la abundancia" describirían las lágrimas derramadas por los justos cuando las manos opresivas de los impíos los exprimen al máximo. Las penas de los justos "abundan tanto como la prosperidad del impío".[6] Ellos comienzan a preguntarse si Dios ignora su opresión (v. 11), ya que la opresión de los justos por parte de los impíos solo sirvió para aumentar su riqueza (v. 12). Todos podemos pensar en ejemplos de justos que están siendo oprimidos mientras los impenitentes continúan en su rebelión y prosperan gracias a ella.

Spurgeon cita a un tal señor Mudge, quien dice que el versículo 10 quiere decir que: "Si el pueblo de Dios cayera en sus manos [las de los impíos], ellos los estrujarían al máximo, al punto que exprimirían todo el jugo de sus cuerpos".[7]

El alivio del pueblo de Dios

Opción n.º 5: Asaf está describiendo el alivio que recibe el pueblo de Dios cuando van al templo para adorar y cambiar su perspectiva.

Según este punto de vista, el pueblo de Dios viene al templo, donde reciben las aguas que los refrescan en abundancia (v. 10). Es en el templo, en el santuario de Dios, donde Asaf obtuvo una nueva perspectiva sobre la prosperidad que disfrutan los impíos (vv. 16-17). Su nueva perspectiva, que se describe en los versículos 18-28, habría sido un refresco agradable para su alma reseca. En nuestra adoración y comunión con el pueblo de Dios, somos edificados, equipados y animados. Cuando nos acercamos

6. Spurgeon, 249.
7. *Ibid.*, 260.

a Dios en adoración, somos continuamente renovados espiritualmente.

El principal problema con esta interpretación es el hecho de que tiende a ver el versículo 10 como un pensamiento muy aislado. El versículo 11 continúa con la descripción de los impíos y de cómo ellos niegan que Dios conoce sus obras, y en el versículo 12 se exclama: "¡Estos son los impíos!". Si el versículo 10 describe el refrigerio que obtienen los justos en la adoración, sería mucho más natural que Asaf mencionara esto en los versículos 15-17. En otras palabras, el pensamiento parecería estar muy fuera de lugar.

La apostasía del pueblo de Dios

Opción n.º 6: Asaf está describiendo cómo los justos se ven atraídos por la prosperidad de los impíos. Según este punto de vista, cuando los justos ven la prosperidad de los impíos (v. 2), se alejan de los caminos de la justicia para unirse a la causa de los impíos con la esperanza de ser partícipes de dicha prosperidad. Al igual que Asaf, estos justos comienzan a preguntarse si "guardaron puro su corazón" y si "lavaron las manos en inocencia" de balde (v. 13). Después de todo, podrían razonar: "¿Qué beneficio hay en la justicia si son los impíos los beneficiados?".

Se entiende que el versículo 10 está describiendo al pueblo de Dios (Su pueblo), quienes se unen a los impíos. "Este lugar" se referiría al lugar de los burladores arrogantes y autocomplacientes que se describen en los versículos anteriores (vv. 4-9).

Cuando los justos apostatan y dejan los senderos de la justicia para perseguir los provechos de la maldad, comienzan a beber de la abundancia que disfrutan los impíos. "Beben las aguas de la abundancia".

De otro modo, a veces se entiende que "beben las aguas de la abundancia" se refiere a las lágrimas que los justos derramaron debido a su apostasía. Debido a que se unieron a la causa de los impíos, los justos no reciben una prosperidad abundante. En cambio, su apostasía solo les trae "lágrimas de abundancia", ya que los impíos los explotan aún más. En otras palabras, la apostasía de los justos no les brinda ningún beneficio, sino que aún más sufrimiento.

Demasiadas opciones

Me doy cuenta de que le acabo de presentar muchas opciones. Todas estas interpretaciones se ajustan al contexto. Todas son sólidas desde un punto de vista teológico. Con la posible excepción de la opción n.º 5, todas se ajustan a la corriente de pensamiento de este salmo. Si tuviera que elegir una de ellas, la opción n.º 6 parece ser la que encaja mejor.

Si Asaf tuvo envidia de la prosperidad (v. 3), podemos estar seguros de que otros también la tuvieron. Él no hubiese sido el único en preguntarse si realmente valía la pena guardar puro su corazón y mantener sus manos limpias (v. 13) a la luz de la disciplina que soportaron los justos (v. 14) y su opresión a manos de los impíos (v. 6). No es difícil imaginar que muchos de los que fueron tentados por los impíos no solo estuvieron "a punto de tropezar", sino que realmente cayeron. Para muchos, la tentación sería demasiado grande.

Recuerde la advertencia del apóstol Pablo:

> Pero los que quieren enriquecerse caen en tentación y lazo y en muchos deseos necios y dañosos que hunden a los hombres en la ruina y en la perdición. Porque la raíz de todos los males es el amor al dinero, por el cual, codiciándolo algunos, se extraviaron de la fe y se torturaron con muchos dolores (1 Timoteo 6:9–10).

Esto no fue solamente un peligro en los tiempos del Nuevo Testamento. Si la lujuria por el oro motiva la apostasía en nuestros propios días, podemos dar por sentado que lo mismo sería cierto en los días de Asaf (Judas 11, 16; 2 Pedro 2:2-3, 15).

Hubiese sido muy desalentador para Asaf ver a varios de sus amigos, o incluso familiares, abandonar la búsqueda de la santidad para alinearse con los impíos prósperos. Imagine el dolor de seguir viendo cómo sus seres queridos abandonan lentamente la senda de la justicia para perseguir vidas fáciles y cómodas. Esto causaría que Asaf, que ya estaba teniendo dificultades para caminar por la senda estrecha, se enfadara aún más.

Asaf tendría que observar cómo aumentaban las filas de los impíos, a la vez que disminuía el número de los verdaderamente justos. Incluso comenzaría a temer que finalmente podría quedar solo. Si hemos aprendido algo de nuestra experiencia en la cultura estadounidense moderna, es esto: cuanto más a favor de la maldad esté la opinión pública, más envalentonados se vuelven los impíos. El Salmo 12:8 dice: "En torno se pasean los impíos, cuando la vileza es exaltada entre los hijos de los hombres".

Si Asaf hubiese sido testigo de un abandono masivo de la verdad por el camino fácil y próspero, se habría encontrado en una posición muy incómoda. Asaf hubiera sabido que ceder no era una opción, pero se habría sentido cada vez más tentado de hacerlo. La idea de unirse a los impíos es a la vez tanto atractiva como repugnante. Aunque envidiaba su vida fácil, a Asaf le hubiese repugnado la idea de alejarse de la verdad. Sin embargo, a medida que aumentaba el número de los impíos, su irritación solo crecía. Tal es la suerte de los verdaderamente justos.

¿Lo sabe Dios?

Salmo 73:11
Y dicen: ¿Cómo lo sabe Dios?
¿Y hay conocimiento en el Altísimo?

Si en el versículo 10 se describe la apostasía de los israelitas, entonces en el versículo 11 se registran las palabras de los apóstatas o las palabras de los impíos prósperos. Ya que el versículo 12 comienza con "He aquí, estos son los impíos", parece que la mejor opción es asumir que estas son las palabras de los impíos que Asaf describió en los vv. 3-9, en lugar de los apóstatas mencionados en el versículo 10.

Estas palabras suenan como si vinieran de los labios de personas malvadas. Estos hombres cuestionan si Dios realmente conoce sus crímenes.[8] Su negación de la omnisciencia de Dios es también una negación de la justicia suprema. Porque si Dios no sabe acerca de sus obras impías, entonces no tendrán que enfrentar un castigo por ellas.

Cuando los impíos prosperan en su maldad, comienzan a concluir que Dios no tiene conocimiento de su perfidia o que, si lo tiene, no le importa. De cualquier manera, asumen que se saldrán con la suya. Si Dios no sabe, entonces ciertamente no puede castigarlos. Si a Dios no le importa, entonces ciertamente nunca los castigará por ello. Cuando se retrasa la justicia, se incentiva el mal. Si no han enfrentado ningún castigo por su opresión en esta vida, ¿por qué deberían esperar uno en la vida venidera? Si Dios sabe de su maldad, ¿por qué parece ser que gracias a ella han sido recompensados con riquezas y prosperidad en este mundo? Si a Dios le importa lidiar con su maldad, ¿por

---

8. Escribí una serie de artículos sobre el teísmo abierto, en los cuales refuto los errores de aquellos que niegan la omnisciencia de Dios. Estos artículos se encuentran disponibles en nuestro sitio web: kootenaichurch.org.

qué parece hacerle la vista gorda en esta vida? Los impíos creen que la realidad de su prosperidad se debe a que Dios ni conoce ni se preocupa por su maldad.

Los creyentes deben tener cuidado de no caer en la misma trampa. El camino de muchas transigencias pequeñas conduce finalmente a una caída gigante. Tal caída comienza con una pequeña mentira, una pequeña mirada a la pornografía o una pequeña transigencia moral. El torbellino de aquellas semillas sembradas no se siente de inmediato. Comenzamos a pensar que estos pequeños pecados no deben importarle a Dios, ya que no enfrentamos consecuencias inmediatas por ellos.

Esto va seguido de la tentación de decir otra mentira, de echar otra mirada y de transigir un poquito más. La falta de consecuencias inmediatas nos convence de que Dios ha apartado sus ojos de nuestras indiscreciones, o que de alguna manera se le pasaron. Terminamos realizando una serie de transigencias cada vez más amplias, convenciéndonos de que Dios no ve, ni le importa, ni sabe.

Finalmente, segamos el torbellino.

Salmo 73:12

He aquí, estos son los impíos,

y, siempre desahogados, han aumentado sus riquezas.

Esta es la última cosa positiva que se dice sobre los impíos o su riqueza en este salmo. Esta es la descripción final que Asaf proporciona sobre los impíos prósperos, y resume maravillosamente su lamento anterior.

¡He aquí los impíos! ¡Deje que sus ojos los contemplen! Son un espectáculo que vale la pena ver. ¿Alguna vez ha visto algo así? ¿Alguna vez ha visto a alguien tan indigno de riquezas?

¿Alguna vez ha visto a alguien tan merecedor del juicio de Dios? ¡Mírelos! ¡Nuestros ojos apenas pueden creer lo que vemos!

Vemos a hombres vestidos de maldad y riquezas. Viven una vida holgada. Tienen más que suficiente. Cuentan con comodidades y ventajas. De alguna manera, evitan todos los trabajos y todas las debilidades que hacen que la vida sea tan tediosa y tan molesta para el resto de nosotros. Aquellos que merecen la ira de Dios mueren en paz. ¡Qué injusticia! ¡Mírelos! ¡¡¡CONTÉMPLELA!!! Mire esta gran piedra de tropiezo para la fe.

Si no basta con tan solo mirar lo que Asaf ya ha descrito, considere esta declaración de cierre con respecto a su prosperidad: "Han aumentado sus riquezas". Asaf no solo lamenta el hecho de que sean ricos, sino que aumentan sus riquezas.

Ya sería bastante malo si los impíos hubieran alcanzado un nivel de riqueza en algún momento del pasado que se mantuviera a pesar de su maldad. Es peor que, a la vez que continúan en su maldad, la riqueza siga aumentando. ¡Esto es un insulto doble!

Esto es lo contrario de lo que esperaríamos ver. Nuestro sentido de justicia nos dice que los impíos que describe Asaf ni siquiera deberían tener bendiciones en esta vida, ni mucho menos ver cómo aumentan. Nos gustaría ver cómo se anulan los fondos de los planes contra Dios. En cambio, a aquellos programas que destruyen a las personas, que promueven la inmoralidad y que se oponen a la verdad de Dios parece nunca faltarles apoyo financiero.

El 23 de agosto del 2016, CNN publicó un artículo en su sitio web en el que anunciaba que el patrimonio neto de Bill Gates había alcanzado los 90 mil millones de dólares.[9] Para aquellos de

9. http://money.cnn.com/2016/08/23/technology/gates-90-billion/

nosotros que nos sentamos en los asientos baratos, ese tipo de riqueza es inimaginable. No pasará mucho tiempo antes de que supere los 100 mil millones de dólares, ya que el mismo artículo señaló que su riqueza había aumentado en 6,2 mil millones de dólares en el último año. Bill Gates no está solo en la cima de la montaña. La riqueza del fundador de Facebook, Mark Zuckerberg, aumentó en 8,9 mil millones de dólares, y el patrimonio neto del director ejecutivo de Amazon, Jeff Bezos, aumentó en 6,5 mil millones de dólares. Todo eso en solo un año.

Después de leer ese artículo, le dije a uno de mis hijos: "Imagina cuánto bien podrías hacer si tuvieras 90 mil millones de dólares a tu disposición". Fantaseamos un poco.

Podríamos pagar por muchísimas mejoras necesarias en el campamento bíblico local. Terminaríamos nuestro edificio actual de la iglesia y nos mudaríamos en unos pocos meses. ¿A cuántos misioneros de la iglesia podríamos apoyar? ¿Cuántas Biblias podríamos haber imprimido y distribuido? ¿Cuántos seminarios grandes y doctrinalmente sanos podríamos apoyar? Podríamos capacitar pastores, plantar iglesias, construir edificios, apoyar institutos y financiar misiones en el extranjero.

Desafortunadamente, no es así como se utilizan esos inmensos recursos. Gates, Soros, Bezos y muchos otros invierten cientos de millones de dólares cada año para apoyar el *lobby* homosexual, el aborto a demanda y casi cualquier otra causa injusta que podamos imaginar. Estas contribuciones no solo promueven aquello a lo que se oponen los justos, sino que se oponen a las causas que a los justos les encantaría que se promovieran.[10]

---

10. No podría importarme menos el hecho de que alguien tenga tanta riqueza. Estos hombres han creado negocios y prestado servicios por los que las personas pagan voluntariamente. No envidio el trabajo de sus manos, sin importar cuán abundantes puedan ser los frutos. Mientras no hayan usado la

A la luz de su encarnizada oposición ante todo lo santo, puede parecer una parodia de la justicia que Bill Gates incluso posea tal fortuna. Parece ser una doble mofa que su fortuna aumente en 6 mil millones de dólares al año.

¡He aquí, estos son los impíos! ¡Siempre están desahogados y aumentan sus riquezas!

---

violencia ni amenazado con el uso de la fuerza para quitarle este dinero a otros, es de ellos. Ninguna otra persona en este mundo puede adjudicarse justamente el trabajo de sus manos. Jamás me escuchará sugerir que estos hombres deberían pagar más impuestos ni que el gobierno tiene derecho a sus ingresos. ¡Ciertamente no creo que el gobierno les daría un uso más justo a dichos recursos!

5

La evasión de una tentación

Salmo 73:13-14
Ciertamente en vano he guardado puro mi corazón
y lavado mis manos en inocencia;
pues he sido azotado todo el día
y castigado cada mañana.

Las tentaciones se presentan de muchas maneras. Los justos pueden ser tentados a amar las cosas que están en el mundo (1 Juan 2:15-17), a poner su esperanza en la incertidumbre de las riquezas (1 Timoteo 6:17) y a seguir las pasiones juveniles (2 Timoteo 2:22). Las tentaciones a la falta de oración, la apatía, la codicia, la mundanalidad, la lujuria, la falsa doctrina, el orgullo, el materialismo, la sensualidad, el miedo, la transigencia y muchos otros pecados son algo que ataca continuamente al hijo de Dios. Así es la vida en este mundo bajo el sol.

Luchamos contra el pecado haciéndolo morir en el poder del Espíritu Santo (Romanos 8:13). La vida cristiana es una búsqueda continua de la santidad (Hebreos 12:14), en la cual nos "[despojamos] del viejo hombre" y nos "[vestimos] del nuevo hombre, el cual, en la semejanza de Dios, ha sido creado en la justicia y santidad de la verdad" (Efesios 4:23-24). Dicha búsqueda de una vida santa y justa es la marca de aquellos que son guiados por el Espíritu (Romanos 8:12-14; Gálatas 5:16-26).

Existe una tentación única que amenaza con socavar todo este proceso de santificación y vida santa: la tentación de pensar que la santidad y su búsqueda no son beneficiosas para un creyente. Si comenzamos a cuestionar el beneficio de una vida santa, perdemos nuestra motivación para la santificación. El atractivo de cualquier otra tentación se vuelve aún más fuerte a medida que nuestra motivación para luchar contra la tentación se debilita.

Imagine a un paciente que padece media docena de enfermedades terminales diferentes. Cada una de estas enfermedades mataría al paciente en cuestión de meses si no se tratara con los medicamentos adecuados. Como corresponde, su médico le recetó diversos medicamentos para tratar las enfermedades. Estos medicamentos previenen efectivamente las complicaciones de las enfermedades y permiten que el paciente pueda vivir una vida normal.

Ahora bien, imagine que después de un par de años de tomar los medicamentos y disfrutar sus beneficios, el paciente comienza a cuestionarse si los medicamentos son de algún beneficio para él. Después de todo, ve a otros hombres que no toman estos medicamentos y son muy saludables. De hecho, algunos de los que no reciben estos medicamentos son más fuertes, más rápidos y más inteligentes que él. Otros que no se toman las píldoras están en mucho mejor forma y disfrutan de una mejor salud que la que él ha disfrutado en años.

Él comienza a preguntarse si ha estado tomando estos medicamentos en vano o no. Todas las mañanas debe despertarse y diligentemente tomarse las píldoras con el desayuno a la hora indicada. Los demás no tienen que soportar esta molestia y no están maltrechos. Nuestro paciente concluye (peligrosamente) que su diligencia en el tratamiento de su enfermedad no ha tenido ningún beneficio. Tal pensamiento implica una fatalidad innegable para nuestro paciente afectado.

Ver la prosperidad de los malvados trajo ante Asaf una fuerte y peligrosa tentación. Se vio tentado de concluir que vivir una vida santa y en temor a Dios no tenía ningún beneficio. Asaf no fue el primer creyente en cuestionar el beneficio de una vida santa a la vez que consideraba la vida fácil que disfrutan los malvados, y ciertamente no fue el último.

De acuerdo con lo que Asaf ha lamentado hasta este momento en el Salmo 73, su sentimiento final en los versículos 13-14 ciertamente tiene sentido: "Ciertamente en vano he guardado puro mi corazón y lavado mis manos en inocencia".

Asaf había explicado con lujo de detalles la diferencia entre las bendiciones que disfrutaban los impíos y la aflicción que soportaban los justos. Por donde se mire, él podría haber concluido que la impiedad se recompensa con alegría, felicidad y prosperidad, mientras que la santidad parecía traer aflicción, sufrimiento y necesidad. Naturalmente, uno comenzaría a cuestionarse si la búsqueda de la santidad y una vida de obediencia no serían completamente inútiles, si se considera esta inequidad. Cuando los impíos parecen ser recompensados y los justos escarmentados, comenzarán a preguntarse si existe algún beneficio en vivir una vida justa. El momento en que surgen tales dudas en el corazón es el mismo momento en que uno se ve amenazado por un desastre espiritual.

Asaf describió su crisis de fe en el versículo 2: "En cuanto a mí, mis pies estuvieron a punto de tropezar, casi resbalaron mis pasos". Lo que él describe muy generalmente en el versículo 2 se expresa muy vívidamente en los versículos 13-14. Asaf comenzó a cuestionar el valor de la santidad. Vio la prosperidad de los impíos y sintió envidia de su riqueza (v. 3). Comenzó a preguntarse si había alguna ventaja en tener un corazón puro y vivir una vida santa. Según lo que él ha observado, esta sería la conclusión más lógica.

Salmo 73:13-14: "Ciertamente en vano he guardado puro mi corazón y lavado mis manos en inocencia; pues he sido azotado todo el día y castigado cada mañana". Ese es el sonido de los pies que se resbalan. Estas son las palabras de una fe vacilante.

Los afectos de los piadosos

La santidad es el anhelo natural de un corazón redimido. A aquellos a quienes Dios ha salvado se les ha concedido un "arrepentimiento que conduce a la vida" (Hechos 11:18). Ellos desean realizar "obras dignas de arrepentimiento" (Hechos 26:20) y no quieren vivir una vida que de algún modo deshonre a su Señor. Así como se nos mandó a presentar nuestros cuerpos como "sacrificio vivo y santo, aceptable a Dios", el verdadero creyente desea ser santo y sin mancha delante de Él (Romanos 12:1; Efesios 1:4). El verdadero creyente quiere ser santo porque Dios es santo.

El apóstol Pedro animó a sus lectores con estas palabras:

> Por tanto, ceñid vuestro entendimiento para la acción; sed sobrios en espíritu, poned vuestra esperanza completamente en la gracia que se os traerá en la revelación de Jesucristo. Como hijos obedientes, no os conforméis a los deseos que antes teníais en vuestra ignorancia, sino que así como aquel que os llamó es santo, así también sed vosotros santos en toda vuestra manera de vivir; porque escrito está: SED SANTOS, PORQUE YO SOY SANTO (1 Pedro 1:14–16).

Los justos viven una vida de arrepentimiento continuo y santidad personal. Asaf era un hombre justo y temeroso de Dios, y describió su propio afecto por Dios y su confianza en su salvación en los versículos 21-28. Él describió su propia lucha contra el pecado a través de estas palabras:

Salmo 73:13
Ciertamente en vano he guardado puro mi corazón
y lavado mis manos en inocencia;

Existen dos elementos de santidad personal que se describen en ese versículo: la santidad interior y la santidad exterior. El "corazón puro" hace referencia a la santidad interna y las "manos limpias" describen la santidad externa. La lucha contra el pecado debe combatirse en ambos frentes: en el corazón y en las manos. Aunque estas dos cosas son distintas, también son inseparables.

Asaf no fue el único salmista que reconoció la necesidad de tener manos limpias y un corazón puro. David también empleó esta manera de hablar en el Salmo 24, donde preguntó: "¿Quién subirá al monte del Señor? ¿Y quién podrá estar en su lugar santo? El de manos limpias y corazón puro; el que no ha alzado su alma a la falsedad, ni jurado con engaño" (Salmo 24:3-4). Note la conexión entre el alma (el hombre interior) que se alza a la falsedad y la boca (la conducta externa) que jura con engaño. Jesús dijo que "de la abundancia del corazón habla la boca" (Mateo 12:34). Del mismo modo, Mateo 15:18 dice: "Pero lo que sale de la boca proviene del corazón, y eso es lo que contamina al hombre".

¡La purificación del corazón es trabajo duro! Nacemos en pecado e iniquidad, y pasamos varios años de nuestras vidas siendo "esclavos de concupiscencias y deleites diversos, viviendo en malicia y envidia, aborrecibles, y aborreciéndonos unos a otros" (Tito 3:3-5). Jeremías 17:9 nos recuerda que "más engañoso que todo, es el corazón, y sin remedio; ¿quién lo comprenderá?".

La obra del Espíritu Santo nos lleva al conocimiento de nuestro pecado (Juan 16:8-11). Lo que sabemos de nuestros propios corazones en el momento de la fe salvadora es solo un destello de la verdadera profundidad de nuestra depravación y maldad. Aunque hemos sido liberados del castigo de nuestro pecado y del poder del pecado que mora en nosotros, aún no hemos sido liberados de su presencia. El pecado sigue siendo una realidad persistente en la vida de un creyente. Estamos llamados a hacer la guerra contra él por el resto de nuestras vidas. Esto solo se puede hacer con la ayuda del Espíritu Santo, quien obra a través de la Palabra de Dios para santificar a su pueblo en la verdad (Juan 17:17).

La búsqueda de la santidad es una obra en la cual cooperamos con el Espíritu Santo mientras Él trabaja para hacernos crecer en santidad. La santidad es algo que un creyente debe buscar (Hebreos 12:14), y es algo en lo que Dios está trabajando en nuestras vidas. Filipenses 2:12–13 capta de manera hermosa ambas partes de la santificación: "Así que, amados míos, tal como siempre habéis obedecido, no sólo en mi presencia, sino ahora mucho más en mi ausencia, ocupaos en vuestra salvación con temor y temblor; porque Dios es quien obra en vosotros tanto el querer como el hacer, para su beneplácito". Se nos ordena "ocuparnos" de nuestra salvación, incluso aunque reconocemos que es Dios quien obra en nosotros. Pablo dijo algo similar en 1 Corintios 15:10–11: "Pero por la gracia de Dios soy lo que soy, y su gracia para conmigo no resultó vana; antes bien he trabajado mucho más que todos ellos, aunque no yo, sino la gracia de Dios en mí. Sin embargo, haya sido yo o ellos, así predicamos y así creísteis". El arduo trabajo de buscar la santidad no es algo que hacemos solos. La gracia de Dios está trabajando activamente en el corazón de un creyente.

Cuando Asaf dice que ha "lavado [sus] manos en inocencia", está describiendo la santidad externa. Así como Asaf buscó tener un corazón puro, también evitó el pecado para no ensuciarse las manos. En la lengua vernácula de hoy en día, diríamos que alguien tiene "las manos manchadas con sangre" si son culpables de algún delito en particular. Es una figura retórica para describir su culpabilidad o complicidad en algún acto inmoral. Por el contrario, las manos lavadas en inocencia serían aquellas que no están involucradas en ninguna actividad impura ni profana.

Mantener la pureza de nuestras manos es tan difícil como mantener la pureza de nuestros corazones. Requiere una intensa vigilancia y diligencia. Es más que simplemente abstenerse de ciertos pecados particularmente espantosos que nos resultan chocantes. Significa que resistimos la tentación, morimos a nosotros mismos y negamos nuestra carne. Para mantener nuestras manos en inocencia, es necesario que digamos que no a esos pecados que son atractivos, tanto grandes como pequeños. Todo esto contamina nuestras manos: una pequeña mentira en nuestra tarjeta de control en el trabajo, una falsedad repetida y una mirada prolongada. Para el creyente esto es guerra, y es algo duro.

Pablo alentó a Timoteo de esta manera: "Huye, pues, de las pasiones juveniles y sigue la justicia, la fe, el amor y la paz, con los que invocan al Señor con un corazón puro" (2 Timoteo 2:22). Esa es una receta para aquellos que desean manos limpias y un corazón puro. No es un trabajo fácil. Afortunadamente, Dios está trabajando en Su pueblo para lograr Su beneplácito. Somos fortalecidos por Su gracia y por Su Palabra para poder trabajar para ese fin.

¿Todo en vano?

¿Es posible que todo este trabajo sea en vano? A Asaf le pareció así. Llegó a la conclusión de que todo había sido por nada. "Ciertamente en vano" modifica ambas declaraciones en el versículo. En vano había guardado puro su corazón. En vano había lavado sus manos en inocencia. Tanto sus esfuerzos internos como externos en busca de la pureza fueron cuestionados.

Es difícil percibir que la santidad tiene alguna ventaja cuando aquellos que son profanos e incrédulos se divierten en lujos y riquezas sin fin. Si la recompensa que reciben los impíos por su pecado es una vida fácil, la tranquilidad en la muerte y una riqueza cada vez más grande, ¿por qué habríamos de buscar la justicia? Spurgeon dijo que uno "cuestiona el valor de la santidad cuando su salario se paga con la moneda de la aflicción".[1]

Algunos de los judíos en los días de Malaquías habían comenzado a expresar las mismas dudas sobre el servicio a Dios. A través de Malaquías, Dios confrontó a las personas con su razonamiento perverso, incluso denominando dicha manera de hablar como "arrogancia contra mí [el Señor]". Malaquías 3:13-15 dice: «Vuestras palabras han sido duras contra mí —dice el Señor—. Pero decís: "¿Qué hemos hablado contra ti?" Habéis dicho: "En vano es servir a Dios. ¿Qué provecho hay en que guardemos sus ordenanzas y en que andemos de duelo delante del Señor de los ejércitos? "Por eso ahora llamamos bienaventurados a los soberbios. No sólo prosperan los que hacen el mal, sino que también ponen a prueba a Dios y escapan impunes."».

---

1. Charles Haddon Spurgeon, *The Treasury of David*, Vol. 2, *Psalms 58-110* (Peabody: Hendrickson Publishers), 249.

¿Puede oír el clamor de Asaf en las palabras de aquellos que vivieron en los días de Malaquías? Llamaron "bienaventurados a los soberbios" y vieron que los que obraban con malicia escaparon. Cuestionaron abiertamente si había algún beneficio en guardar la ley de Dios y caminar delante de Él en santidad y arrepentimiento. Aunque Asaf flaqueó lo suficiente como para tener estos pensamientos en su mente, nunca los dijo en voz alta. En el versículo 15, dice: "Si yo hubiera dicho: Así hablaré, he aquí, habría traicionado a la generación de tus hijos". Temiendo que expresar abiertamente dichos pensamientos fuera un acto de traición hacia los hijos de Dios, Asaf se guardó estos pensamientos. Fueron difíciles para él (v. 16).

Las aflicciones de los piadosos

Salmo 73:14
pues he sido azotado todo el día
y castigado cada mañana.

No podría haber comparación entre la riqueza que disfrutaban los impíos y la aflicción designada para Asaf y otros santos justos. Los impíos vieron cómo su riqueza aumentaba cada día (v. 12). Los justos vieron cómo sus aflicciones se restablecían cada mañana. Los impíos se burlaron de la justicia de Dios y aumentaron en prosperidad. Los justos se deleitaron en la justicia de Dios y fueron afligidos. Los impíos vivieron sin penalidades (v. 5) y los justos descubrieron que sus problemas continuaban a diario.

Cuando los hombres y mujeres justos experimentan pruebas, tribulaciones y sufrimientos, no están soportando nada fuera de lo común. Al contrario de la enseñanza evangélica popular, Dios no nos ha prometido nuestra mejor vida ahora. Para los justos, nuestra mejor vida está por venir. Son los impíos quienes experimentan su mejor vida ahora. A los justos se les promete pruebas, tribulaciones, tentaciones y aflicciones.

Pablo le escribió a su joven pupilo Timoteo, y le contó sobre "persecuciones, sufrimientos, como los que [le] acaecieron en Antioquía, en Iconio y en Listra. ¡Qué persecuciones [sufrió]! Y de todas ellas [lo] libró el Señor". Luego le advirtió: "Y en verdad, todos los que quieren vivir piadosamente en Cristo Jesús, serán perseguidos" (2 Timoteo 3:11–12). El sufrimiento y la aflicción, incluso a manos de los impíos, son algo que un cristiano obediente debería esperarse. De hecho, Pablo estaba tan seguro de que sufriría, que le dijo a los tesalonicenses: "Porque en verdad, cuando estábamos con vosotros os predecíamos que íbamos a sufrir aflicción, y así ha acontecido, como sabéis" (1 Tesalonicenses 3:4).

Después de predicar el evangelio en Listra durante su primer viaje misionero, Pablo fue apedreado, arrastrado fuera de la ciudad y dado por muerto (Hechos 14:8-18). Eso no lo desanimó. Después de que Pablo predicó el evangelio en la ciudad de Derbe, volvió "a Listra, a Iconio y a Antioquía, fortaleciendo los ánimos de los discípulos, exhortándolos a que perseveraran en la fe, y diciendo: Es necesario que a través de muchas tribulaciones entremos en el reino de Dios" (Hechos 14:22). La promesa de tribulación no es algo que nos suena alentador. Para aquellos que sufren, el aliento se encuentra en la seguridad de que dicha tribulación va de la mano con la entrada al reino de Dios.

La última tarde de Jesús con sus discípulos (Juan 13-17) estuvo llena de un gran número de recordatorios del sufrimiento venidero. Él gentilmente advirtió a los discípulos acerca de lo que estaba por venir, para que en medio del sufrimiento no perdieran las esperanzas ni apostataran. Jesús dijo en Juan 16:33: "Estas cosas os he hablado para que en mí tengáis paz. En el mundo tenéis tribulación; pero confiad, yo he vencido al mundo".

Anteriormente, Jesús les había prometido que el mundo los odiaría (Juan 15:18-25), ya que antes lo había odiado a Él y al Padre.

El sufrimiento por el bien de la justicia es algo que deberíamos recibir con los brazos abiertos. Pablo animó a Timoteo en 2 Timoteo 1:8 de la siguiente manera: "Por tanto, no te avergüences del testimonio de nuestro Señor, ni de mí, prisionero suyo, sino participa conmigo en las aflicciones por el evangelio, según el poder de Dios".

Finalmente, no olvidemos el consejo alentador de Pedro en 1 Pedro 4:12–16:

> Amados, no os sorprendáis del fuego de prueba que en medio de vosotros ha venido para probaros, como si alguna cosa extraña os estuviera aconteciendo; antes bien, en la medida en que compartís los padecimientos de Cristo, regocijaos, para que también en la revelación de su gloria os regocijéis con gran alegría. Si sois vituperados por el nombre de Cristo, dichosos sois, pues el Espíritu de gloria y de Dios reposa sobre vosotros. Ciertamente, por ellos El es blasfemado, pero por vosotros es glorificado. Que de ninguna manera sufra alguno de vosotros como homicida, o ladrón, o malhechor, o por entrometido. Pero si alguno sufre como cristiano, que no se avergüence, sino que como tal glorifique a Dios.

El moderno evangelio de la prosperidad no es el evangelio bíblico. El evangelicalismo moderno promueve una versión del cristianismo carente de sacrificio, sufrimiento y abnegación. Dios es retratado como un botones cósmico que existe para satisfacer nuestras necesidades y colmarnos de todo lo que nuestros corazones desean. Esa versión del cristianismo no tiene margen para el sufrimiento, ni respuestas para aquellos que soportan las tribulaciones y aflicciones que inevitablemente llegan.

Azotes y penalidades

El hecho de que los justos sufran y sean animados a esperar aflicciones no ayudaría mucho a consolar a Asaf en su crisis de fe. Esa fue la causa de su perplejidad. Recordarle que esto no era algo fuera de lo normal no ayudaría mucho a calmar su angustia. Esta fue precisamente la queja de Asaf.

La mención que Asaf hace de sus dolores y penalidades es breve. Es solo un versículo (v. 14). No se acerca en absoluto a la longitud que se permitió para describir la prosperidad de los impíos (vv. 3-12). Eso no significa que los problemas de Asaf no fueran reales e incluso graves. Él usa palabras fuertes y violentas para describir sus penalidades cuando dice: "pues he sido azotado todo el día". La palabra que se traduce como "azotado" (LBLA, RVR1960) o "golpeado" (NVI, DHH) fue utilizada para describir el "contacto con un miembro del cuerpo, o con cualquier parte del cuerpo, que implica, en algunos contextos, daño al objeto que se toca". Describe una "condición de enfermedad o debilidad" y se utilizaba a veces para describir el padecimiento de una enfermedad. Es la misma palabra gráfica que se utiliza para hablar de la aflicción que padeció Jesús por los pecados de Su pueblo en Isaías 53:4: "Ciertamente El llevó nuestras enfermedades, y cargó con nuestros dolores; con todo, nosotros le tuvimos por azotado, por herido de Dios y afligido".[2]

La segunda parte del versículo 14 es similar a la primera parte: "y castigado cada mañana". "Castigado"[3] es la traducción de una palabra que describe "palabras que expresan tremenda

2. J. Swanson, *Diccionario de idiomas bíblicos: Hebreo (Antiguo Testamento)* (edición electrónica). Oak Harbor: Logos Research Systems, Inc., 1997.
3. En la NTV, se traduce como "me trae dolor".

desaprobación, y que conllevan posibles acciones de castigo".[4] Esta palabra se utiliza para referirse a reproche, reprensión y corrección.

Asaf sintió el aguijón de la vara de la aflicción correctiva de Dios. Si Asaf hubiese cometido algún pecado grave que mereciera ser castigado, no habría presentado ninguna queja. Enfrentar la corrección de Dios por un pecado grave no hubiese sacudido su fe hasta el fondo. Asaf podría haber esperado eso. Pero Asaf no era un pecador impenitente. Él no era un réprobo impío. Era una persona que mantenía el corazón puro y las manos limpias. Era un judío piadoso que caminaba con Dios y lo servía. Sin embargo, las penalidades que enfrentó fueron del tipo que se merecían los impíos descritos en este salmo. Los impíos merecían corrección, reprensión y redargución, y, sin embargo, no recibieron ninguna de estas cosas. "No sufren penalidades como los mortales, ni son azotados como los demás hombres" (v. 5).

Los justos no sufren problemas y disciplinas solamente una vez, sino que es algo constante. Somos azotados "todo el día" y castigados "cada mañana". Cada nuevo día conlleva una renovación de las penalidades designadas para los justos. Los impíos nunca enfrentan problemas y los justos los están soportando continuamente. Todo el día y todos los días, el pueblo de Dios se ve afectado por diversas correcciones y pruebas. Charles Spurgeon escribió: "Esto era un vívido contraste con la suerte de los impíos. Había coronas para los réprobos y cruces para los elegidos. Es extraño que los santos suspiren y los pecadores canten. Se les daba descanso a los perturbadores y, sin embargo, se les negaba la paz a los pacificadores".[5]

Ya es lo suficientemente malo enfrentar pruebas y problemas y soportarlos continuamente, pero hacerlo mientras

4. Swanson.
5. Spurgeon, 250.

que los impíos se pavonean por no enfrentar dolores similares hace que esta carga sea casi insoportable. Una persona piadosa puede soportar una gran carga de pruebas en esta vida. Es una carga adicional hacerlo mientras se está rodeado de los enemigos de Dios que hacen alarde de la comodidad y el lujo de su propia existencia.

Asaf no pasa mucho tiempo detallando sus propios problemas. Su queja no se debe a los dolores de los justos, sino a la prosperidad de los impíos. Él no lamenta la aflicción de los piadosos, sino la abundancia de los impíos. A él no le molesta que los justos sufran en esta vida. Lo que le molesta es que los injustos no lo hagan.

La tentación

¿Cuál es entonces la ventaja de ser santo? Si los puros de corazón tienen problemas y los de corazón duro no, y si los penitentes están afligidos y los impenitentes no, y si los justos son reprendidos y los impíos son recompensados, ¿para qué ser justos? ¿Cuál es el incentivo para buscar la santidad? ¿Para qué trabajar tan duro por mantener nuestras manos limpias y nuestros corazones puros, cuando los impuros e inmorales disfrutan de todos los beneficios?

Al igual que Asaf, estaríamos tentados a concluir que "en vano hemos guardado puro nuestro corazón y en vano hemos limpiado nuestras manos". Ese es un estado espiritual peligroso. Este es el pensamiento que condujo a la apostasía espiritual que Asaf describe en el versículo 10.[6]

La primera parte del salmo comienza con una descripción del peligro espiritual de Asaf: "En cuanto a mí, mis pies estuvieron a punto de tropezar, casi resbalaron mis pasos" (v. 2). Termina con

---

6. Consulte la explicación de ese pasaje en el capítulo anterior.

ese mismo tema, ya que describe el peligro espiritual no desde el punto de vista de sus pies, sino de su mente: "Ciertamente en vano he guardado puro mi corazón y lavado mis manos en inocencia".

Es difícil exagerar la naturaleza precaria de tal pensamiento. En ningún momento Asaf estuvo más cerca de la ruina espiritual absoluta que en el momento en que comenzó a concluir que servir a Dios era algo vano. En ese momento, sus pies estuvieron a punto de tropezar y casi resbalaron sus pasos. Asaf era un hombre equilibrado precariamente al borde del acantilado. Estaba mirando el abismo de la ruina espiritual absoluta y la apostasía. El suelo bajo sus pies se desvanecía de manera lenta, pero constante. El sentimiento de desesperación y la desesperanza absoluta atormentaban cada uno de sus pensamientos durante la búsqueda de una respuesta a su pregunta: "¿Por qué prosperan los impíos mientras que los justos sufren?". Cuanto más reflexionaba sobre los problemas, más problemáticos parecían. Podría buscar desesperadamente alguna verdad sólida a la cual aferrarse, alguna base doctrinal que no cedería, pero fue en vano. Parecía que abandonar la verdad era la única forma de darle sentido a la injusticia que lo rodeaba.

Abandonado a su propio razonamiento y perspectiva limitada, Asaf seguramente se deslizaría a la ruina espiritual. Afortunadamente, Dios no abandona a su pueblo ante el peligro de la apostasía.

Parte 2:

La perspectiva correcta sobre los prósperos

6

La perspectiva desde el santuario

Salmo 73:15-17
Si yo hubiera dicho: Así hablaré,
he aquí, habría traicionado
a la generación de tus hijos.
Cuando pensaba, tratando de entender esto,
fue difícil para mí,
hasta que entré en el santuario de Dios;
entonces comprendí el fin de ellos.

Una de mis películas animadas favoritas de todos los tiempos es la película inteligentemente escrita y bastante poco valorada *La Verdadera Historia de Caperucita Roja* con las voces de Anne Hathaway, Glenn Close y Patrick Warburton. *La Verdadera Historia de Caperucita Roja* es un recuento de "Caperucita Roja" que incluye varios giros. *La Verdadera Historia de Caperucita Roja* comienza donde termina el cuento tradicional: en la cabaña de la abuela, después de una pelea entre el leñador y el lobo. La abuela y la Caperucita Roja también juegan un papel destacado en todo el caos.

Existe un inspector atento y observador que interviene para desenmarañar todo el lío, el cual reúne pistas escuchando a cada uno de los participantes contar la historia del día anterior desde su propia perspectiva. La mayor parte de la película son secuencias retrospectivas, ya que revivimos los eventos que condujeron al caos en la cabina desde la perspectiva de cada uno de los personajes clave. A medida que cada personaje transmite los eventos de ese día desde su singular punto de vista, nos damos cuenta de que lo que creíamos saber sobre la historia no es la historia real en lo más mínimo. No es hasta que tenemos la perspectiva que proporcionan los cuatro personajes que la verdad de los eventos de ese día se vuelve clara.

El inspector finalmente descubre lo que realmente está sucediendo, pero no hasta que todos adquieren una perspectiva que no tenían al principio. Para los personajes atrapados en los detalles de su propia historia, necesitaban una perspectiva que solo alguien más pudiera proporcionar.

Un cambio de perspectiva

El Salmo 73 se lee como si se tratara de dos salmos completamente separados. En la primera mitad (versículos 1-14) se relata una crisis de fe, dado que a Asaf le costaba comprender por qué los impíos prosperan y los justos sufren. La segunda mitad (versículos 15-28) es una jubilosa confesión de fe después de que Asaf obtuvo una perspectiva eterna sobre los impíos y los justos. Esta perspectiva eterna se encuentra ausente en la primera mitad del salmo.

En la primera mitad del salmo se nos entrega una visión de los impíos y su riqueza desde una perspectiva terrenal. Se nos da el punto de vista humano desde la perspectiva del tiempo. En la segunda mitad del salmo se nos entrega una visión de los impíos y su riqueza desde una perspectiva eterna. Podemos ver a los arrogantes, los jactanciosos y los orgullosos como Dios los ve desde la perspectiva de la eternidad.

Cuando Asaf vio a los impíos y su prosperidad desde una perspectiva terrenal, casi fue la ruina de su fe. No podía explicarlo. Se sintió obligado a envidiar a los arrogantes no por su arrogancia, sino por su opulencia. No envidiaba su orgullo, sino sus posesiones. No deseaba su maldad, sino sus riquezas. Una vez que Asaf pudo ver a los impíos desde la perspectiva de Dios, no los envidió. Se compadeció de ellos.

La evaluación que Asaf hace de los impíos en la segunda mitad de este salmo es completamente diferente de la primera. De pronto, Asaf tenía una perspectiva diferente sobre su riqueza, su seguridad, su relación con Dios, su castigo y la verdadera naturaleza de su prosperidad material. Del mismo modo, Asaf tenía una perspectiva completamente diferente sobre las bendiciones que disfrutan los justos.

En la primera mitad del salmo, Asaf pasó diez versículos (vv. 3-12) describiendo la riqueza y la iniquidad de los impíos sin mencionar su futuro sufrimiento. Solo se tomó dos versículos (vv. 13-14) para describir el sufrimiento de los justos, sin proporcionar ninguna descripción de sus bendiciones. En la segunda mitad del salmo, Asaf solo ocupó tres versículos para hablar sobre los impíos y su destrucción (vv. 18-20), y ocho versículos (vv. 21-28) para describir la gloria de la provisión de Dios para los justos con el paso del tiempo y en la eternidad. El enfoque de la primera mitad del salmo fue, casi por completo, la prosperidad que disfrutaban los impíos, y aparte de la declaración introductoria del versículo 1, no se menciona ninguna bendición que disfrutaran los justos. La segunda mitad del salmo es todo lo contrario, ya que se da mucha importancia a las bendiciones asignadas a los justos y no se dice nada sobre la opulencia de los impíos.

En el Salmo 73 vemos cómo la abundancia de los impíos se convierte en aflicción y cómo la agonía de los justos se convierte en un beneficio. La prosperidad de los impíos se convierte en su perdición y las penurias de los justos se convierten en su triunfo. Nuestro dolor se convierte en nuestra gloria y sus riquezas se vuelven su ruina.

¿A qué se debe este cambio de perspectiva? ¿Por qué fue que la manera de hablar, el tono y el enfoque de Asaf cambiaron repentinamente?

La bisagra sobre la que gira todo el salmo se encuentra en el versículo 17: "hasta que entré en el santuario de Dios; entonces comprendí el fin de ellos". Cuando Asaf entró al santuario de Dios, adquirió una perspectiva que antes no tenía. Comprendió el fin de los impíos. Antes de este cambio de perspectiva, Asaf solo evaluaba a los impíos y su riqueza en términos de sus circunstancias actuales, y no en términos de su juicio futuro.

La diferencia en la perspectiva de Asaf no se debió a un cambio en sus circunstancias. Seguía siendo "azotado todo el día y castigado cada mañana". Los impíos seguían haciendo alarde de su maldad, poniendo su boca contra el cielo, llevando su orgullo como un collar y ostentando su abundante riqueza. Nada de eso cambió. Asaf estaba tan privado de prosperidad material en la segunda mitad del salmo como lo estuvo en la primera. Los hechos con respecto al juicio de los impíos y la bendición de los justos no cambiaron. Los destinos eternos de los impíos y de los justos no cambiaron. La provisión de Dios para los suyos y el castigo para Sus enemigos no cambiaron.

¿Qué cambió? Lo que cambió fue la percepción que Asaf tenía de los impíos. Ahora, él comprendía el fin de ellos, su perdición y su juicio.

Casi una traición

Salmo 73:15
Si yo hubiera dicho: Así hablaré,
he aquí, habría traicionado a la
generación de tus hijos.

A menos que recuerde lo que vimos en el último capítulo con respecto a los versículos 13-14, el versículo 15 será muy confuso. Asaf había llegado a la peligrosa conclusión de que había servido a Dios en vano. Comenzó a pensar que todos sus esfuerzos por mantener sus manos limpias y un corazón puro habían sido recompensados con pruebas y aflicciones. Al observar la prosperidad de quienes odiaban a Dios y los dolores de quienes amaban a Dios, Asaf comenzó a pensar que amar y servir a Dios era algo inútil. Se preguntó si había más beneficios en la pecaminosidad que en la santificación.

Aunque Asaf comenzó a pensar de esta manera, nunca expresó esta queja ante otros. Puede que estas conclusiones incrédulas se hayan asentado en su mente, pero él nunca les dio rienda suelta con su boca. Asaf se las guardó para sí mismo. Se dio cuenta de que de haber dicho lo que estaba pensando, hubiese sido un acto de traición hacia los hijos de Dios.

No sabemos durante cuánto tiempo Asaf luchó con estos problemas antes de que se resolvieran. Independientemente de cuán largo fue ese período de su vida, lo resistió solo, sin expresar su crisis de fe hasta que se resolvió adecuadamente en su propio corazón y en su propia mente. Este salmo es el registro de dicha lucha. Fue escrito solo después de que Asaf hubo atravesado los nubarrones de la duda y pudo declarar con valentía: "Mas para mí, estar cerca de Dios es mi bien". Una vez que Asaf aprendió las lecciones, las compartió con otros. Solo después de que se corrigiera el pensamiento de Asaf, el registro de su crisis de fe podría ser un beneficio y una bendición para los demás.

Aquí hay una lección para aquellos que tienen un llamado a enseñar y predicar la Palabra de Dios. Los maestros y sus alumnos se ven favorecidos cuando el maestro se guarda sus luchas y dudas personales para sí mismo hasta que ha resuelto adecuadamente dichas luchas.[1] Está muy de moda que los maestros compartan públicamente todas sus luchas, todos sus fracasos y todas sus dudas con aquellos a quienes guían. Esto se hace en nombre de la "sinceridad" y la "transparencia". Creo que esto es una tontería y que tiene el potencial de hacer un gran daño a los creyentes jóvenes y débiles en la congregación. Al maestro se le asigna una gran responsabilidad: la responsabilidad de declarar la verdad (Santiago 3:1). No está llamado a compartir sus luchas con la verdad, ni sus dudas acerca de la verdad, ni lo que piensa sobre la verdad. Está llamado a enseñar la verdad. Ningún hombre que esté inseguro acerca de la verdad tiene la facultad de enseñarla a otros.

Hay sabiduría en el enfoque de Asaf. No dijo nada sobre sus dudas mientras las tenía. Solo después de haber aprendido las valiosas lecciones registradas en este salmo, Asaf compartió sus luchas con los demás. Así lo hizo en este salmo. Para entonces, Asaf pudo ayudar a otros compartiendo aquellas cosas que había aprendido durante su tiempo de grave tentación y duda. La lucha que una vez lo persiguió pudo ayudar a otros, pero solo después de que el tiempo de la desesperación hubo pasado y sus dudas fueron vencidas por una fe sólida en la verdad.

---

1. Los pastores/ancianos y otros maestros en la iglesia deben tener un grupo de pares ante quienes tengan que rendir cuentas y con quienes puedan compartir sus luchas, pruebas y fracasos. De esta manera, pueden ser fortalecidos por otros que los ayudarán a soportar su carga, sin ellos ser una carga para aquellos a quienes enseñan.

La palabra traducida como "traicionado" significa "ser infiel, traicionar o actuar engañosamente". Puede usarse para describir actos de infidelidad en el matrimonio (adulterio) o hacia Dios (idolatría).[2] Asaf sabía que sus pies estaban cerca de la apostasía una vez que comenzó a pensar que era vano servir a Dios. Anunciar esto a los demás habría sido un gran mal contra ellos.

Asaf sabía que Dios era bueno para con Israel. Sabía que Dios era bueno para con los puros de corazón (v. 1). Sin embargo, estaba considerando una doctrina que era directamente contraria a lo que sabía que era verdadero, a saber, que Dios es bueno con los impíos y que aflige a los puros de corazón. Asaf identificó estos pensamientos como el veneno blasfemo que eran y se abstuvo de compartirlos con otros.

Todos los cristianos saben lo que es batallar con los pensamientos, las dudas y las ideas que detestamos. Todos hemos tenido momentos en los que nos surgió algún pensamiento en nuestro cerebro enfermo que odiamos al instante. No solo odiamos el pensamiento, la idea misma, sino que nos odiamos a nosotros mismos por haberlo pensado, y a nuestro cerebro por haberlo considerado por un momento. Dichos pensamientos nos hacen clamar junto con el apóstol Pablo: "¡Miserable de mí! ¿Quién me libertará de este cuerpo de muerte?" (Romanos 7:24).

Asaf reconoció que tales dudas sobre la bondad de Dios, si se expresaran abiertamente, harían un gran daño al pueblo de Dios. "No siempre es prudente expresar nuestros pensamientos. Si los guardamos, solo nos lastimarán; pero, una vez que se pronuncian, su trastada puede ser grande. Para un hombre como el salmista, la expresión que sugería su descontento hubiese sido

---

2. J. Swanson, *Diccionario de idiomas bíblicos: Hebreo (Antiguo Testamento)* (edición electrónica). Oak Harbor: Logos Research Systems, Inc., 1997.

un duro golpe y un profundo desaliento para toda la hermandad".[3]

La reticencia de Asaf para publicar sus dudas, y así infectar a los demás, puede haber sido el medio por el cual Dios lo preservó de la apostasía total. Juan Calvino señala: "Mientras que los hombres mundanos dan rienda suelta a sus especulaciones profanas, hasta que por fin se endurecen y, despojándose de todo temor a Dios, desechan junto con él la esperanza de salvación, él se refrena a sí mismo para no precipitarse a una destrucción similar".[4] Imagine que Asaf hubiese expresado sus dudas solo para encontrarse con varios oyentes empáticos que alentaran sus conclusiones blasfemas. Cuanto más Asaf compartiera sus pensamientos, más razonables le sonarían a él y a los demás, hasta que finalmente abandonaría toda búsqueda de piedad y destruiría su fe. Era mucho mejor guardar silencio con respecto a sus luchas que hacerse daño a sí mismo y a los demás difundiendo lo que sabía que era un veneno espiritual.

> Aunque pensó que estaba mal, se cuidó de no pronunciar ese mal pensamiento que había concebido. Tenga en cuenta que es malo pensar algo malo, pero es peor hablarlo, porque eso le da al pensamiento maligno un imprimátur (una aprobación); lo permite, le da un consentimiento y lo anuncia para la infección de otros... No hay nada que pueda ofender más a la generación de los hijos de Dios que decir que hemos limpiado nuestro corazón en vano, o que el servicio a Dios es en vano; porque no hay nada más contrario a su experiencia y

---

3. Charles Haddon Spurgeon, *The Treasury of David*, Vol. 2, *Psalms 58-110* (Peabody: Hendrickson Publishers), 250.
4. John Calvin, *Calvin's Commentary on The Book of Psalms,* Vol. 3 (Grand Rapids: Baker Books, 1999), 140.

> sentimiento universales, ni nada que los entristezca más que escuchar que se dañe así la imagen de Dios.[5]

Aunque el silencio era el procedimiento correcto, este solo aumentó la angustia de Asaf.

Un silencio doloroso

Salmo 73:16
Cuando pensaba, tratando de entender esto,
fue difícil para mí,

Toda la lucha resultó ser muy dolorosa. Asaf pasó tiempo pensando en cómo prosperaban los impíos. Su mente volvió a lo que sabía: Dios es bueno para con los suyos. Analizó críticamente la conclusión a la cual había llegado: que es vano servir a Dios. Todo el dilema fue "difícil". Esta fue una lucha interna agotadora. Fue irritante y dolorosa.

Aunque le habría brindado un gran alivio poder compartir la lucha con otros, Asaf sabía que eso crearía aún más problemas, y aquellos en los corazones de sus oyentes. Él era un hombre justo y le causó un gran dolor luchar con una verdad tan básica como la bondad de Dios.

En la descripción del dilema de Asaf, Spurgeon escribe:

> No podía soportar la idea de escandalizar a la familia de Dios y, sin embargo, sus pensamientos internos se enardecieron y conmocionaron, y le provocaron una angustia intolerable en su interior. Hablar podría haber aliviado un pesar, pero, ya que hubiese creado otro, evitó un remedio tan peligroso. Sin embargo, esto no eliminó los primeros dolores, los cuales empeoraron cada vez

---

5. Matthew Henry, *Matthew Henry's Commentary on the Whole Bible: Complete and Unabridged in One Volume* (Peabody: Hendrickson, 1994), 848.

> más y amenazaron con abrumarlo por completo. Una pena sofocada es difícil de soportar. El triunfo de la conciencia que nos obliga a mantener al lobo escondido debajo de nuestras propias vestimentas no impide que este mordisquee nuestros órganos vitales. El fuego que se reprime en los huesos se desata más ferozmente que aquel que se puede expresar con la boca. Aquellos que conocen el dilema de Asaf lo compadecerán como nadie más puede hacerlo.[6]

Cuanto más Asaf pensaba en este dilema, y cuanto más aplicaba el razonamiento humano, más problemática se volvía la disyuntiva. Él describió su angustia en los versículos 21-22: "Cuando mi corazón se llenó de amargura, y en mi interior sentía punzadas, entonces era yo torpe y sin entendimiento; era como una bestia delante de ti".

Con el veneno de la duda carcomiendo su alma, Asaf hubiese deseado una liberación de su preocupante perspectiva. Finalmente, esa liberación llegó.

El santuario de Dios

Salmo 73:17
hasta que entré en el santuario de Dios;
entonces comprendí el fin de ellos.

Algo cambió. Asaf estaba angustiado y preocupado en alma y espíritu hasta... hasta que entró en el santuario de Dios.

Cuando leemos la palabra "santuario", no debemos pensar en lo que normalmente llamamos "santuario" en nuestros días. Asociamos esa palabra con un espacio en particular en el cual el pueblo de Dios se reúne para adorar. Asaf no está hablando de

6. Spurgeon, 250.

un edificio ni de una habitación. La palabra que se traduce como "santuario" simplemente significa "un lugar santo". La palabra se usó para describir "la esfera de lo sagrado", aquello que fue apartado para un uso sagrado. Los pensamientos inquietantes continuaron hasta que Asaf entró en el lugar santo de Dios.

¿Dónde fue eso? ¿Qué fue eso?

Es poco probable que Asaf estuviera describiendo el templo. Él sirvió como líder de adoración durante la época de David, y el templo no se construyó hasta después de la muerte de David, durante el reinado de Salomón. Si Asaf hubiese tenido la intención de que entendiéramos que estaba hablando del tabernáculo, del lugar santísimo o de algún lugar físico, habría utilizado un vocabulario específico para describir dichos lugares. En cambio, habla vagamente de un "lugar sagrado".

Creo que si intentáramos limitar esto a una habitación o a un lugar en particular, no le haríamos justicia a la intención de Asaf. Parece ser que la intención de Asaf es mucho más amplia que eso. Yo creo que no estaba siendo específico intencionalmente. Asaf podría haber estado refiriéndose a muchas cosas, y cualquiera de ellas le habría proporcionado esta nueva perspectiva.

Es posible que el "lugar sagrado" se refiera a un lugar o tiempo de oración. Puede ser que Asaf haya ido a la presencia de Dios a través de la oración, mientras derramaba su molestia ante Dios. Sabemos que Asaf no dijo nada sobre sus preocupaciones a la generación de los hijos de Dios, pero podemos estar seguros de que Asaf llevó sus preocupaciones y molestias ante su Dios. Sería en este "lugar sagrado" de oración con su Dios, cuando Asaf derramó su corazón ante Dios, que su perspectiva cambiaría y él llegaría a percibir el fin de los impíos.

Es posible que "lugar sagrado" se refiera a un lugar o tiempo de meditación sobre la Santa Palabra de Dios. En la meditación, dejamos de lado las cosas comunes y profanas. En el santuario de nuestra mente, nos enfocamos en aquellas cosas que pertenecen a la naturaleza y el carácter de Dios, Sus obras en este mundo y las administraciones de Su providencia. Al contrario de las prácticas paganas de meditación, la meditación bíblica no implica vaciar nuestras mentes, sino llenarlas con la verdad revelada de Dios: su Palabra. La meditación implica un esfuerzo concertado para enfocar nuestros corazones y nuestras mentes en la verdad revelada y en las implicaciones de dicha verdad. La meditación es la verdad de Dios que se percola en la mente. Quizás en el contexto de la meditación sagrada, Asaf recibió una perspectiva completamente nueva.

Quizás Asaf está describiendo su propio estudio de la Palabra de Dios como un “lugar sagrado”. La palabra revelada de Dios proporcionaría las respuestas que necesitaba. Bien podemos imaginar que Asaf, en este momento de gran dificultad, se entregaría a un estudio intenso de la Palabra de Dios. El razonamiento y el reflejo de su propia mente solo le causaron más dificultades (v. 16) e hicieron que su corazón se llenara de amargura (v. 21). Tendría que recurrir a una revelación objetiva para encontrar respuestas.

Por último, es posible que él esté describiendo la adoración privada o corporativa como un “lugar sagrado”. Puede ser que, durante algún tiempo apartado para la comunión con Dios, la comunión con el pueblo de Dios y la adoración Asaf, llegó a comprender el verdadero estado de los impíos y las verdaderas bendiciones de los justos.

Es importante tener en cuenta que no era el lugar en particular lo que le preocupaba a Asaf, sino una perspectiva en particular. De alguna manera, en algún momento y por algún medio, Asaf se acercó a Dios y vio con los ojos de la fe aquello que no pudo ver con sus propios ojos. Él dice en los versículos 23-

24: "Sin embargo, yo siempre estoy contigo; tú me has tomado de la mano derecha. Con tu consejo me guiarás, y después me recibirás en gloria". Cuando Asaf entró intencionalmente en el lugar sagrado y se acercó a Dios, Dios se acercó a él y lo guio con Su consejo divino (Santiago 4:8). Como resultado, Asaf recibió la perspectiva de Dios sobre cosas que desde hace tiempo lo habían desconcertado.

El lugar sagrado es donde Dios moldea nuestro pensamiento. Es donde la verdad de Dios orienta nuestras percepciones. El lugar sagrado es donde el Espíritu Santo guía nuestro entendimiento. Este no es ni el lugar ni la perspectiva del razonamiento humano, ni del pensamiento profano, ni de los sentimientos centrados en el hombre. Es el lugar donde Dios es considerado santo, donde su Palabra es el estándar mediante el cual todas las cosas son probadas, y donde la sabiduría humana dobla la rodilla ante la revelación divina.

La insuficiencia de la razón humana

No se nos debe escapar el marcado contraste entre "tratar de entender" (v. 16) y entrar "en el santuario de Dios" (v. 17). Es nada menos que el contraste entre la sabiduría humana y la revelación divina. La propia reflexión de Asaf perturbó su corazón y lo llenó de amargura. Lo que Asaf comprendió en el santuario de Dios liberó su corazón.

La mente humana, en su estado caído, mediante el uso de la razón natural, es incapaz de descifrar los misterios de la divina providencia. A pesar de toda su reflexión sobre los tratos de Dios con los impíos y los justos, Asaf no podía comprender cómo o por qué Dios ordenó los asuntos de los hombres de la forma en que lo hizo. No pudo, a través de su propia reflexión y razonamiento, comprender los propósitos eternos de Dios. Cuando el hombre natural busca comprender el obrar de Dios según el estándar de la razón y la sabiduría humana, inevitablemente se hunde en la desesperación y la frustración.

La mente caída del hombre está entenebrecida (Efesios 4:17-19), es enemiga de Dios (Romanos 8:7-8) y es incapaz de entender las cosas espirituales (1 Corintios 2:14-16). Dios es mucho más alto que nosotros y sus caminos mucho más altos que los nuestros (Isaías 55:8-9). Somos hijos del polvo que buscan conocer y percibir los propósitos ocultos de Dios (Deuteronomio 29:29; Eclesiastés 3:11-12). Los misterios de la providencia y los propósitos soberanos de Dios son inaccesibles para el hombre, a menos que Dios decida revelarlos. No fue su propio razonamiento lo que satisfizo a Asaf y le permitió comprender el fin de los impíos, sino que fue el entrar al santuario de Dios.

Como bien declaró Calvino:

> Por lo tanto, todo aquel que, al aplicarse al examen de los juicios de Dios, espera familiarizarse con ellos a través de su entendimiento natural, se sentirá decepcionado y descubrirá que está comprometido en una tarea simultáneamente dolorosa e infructuosa; y, por lo tanto, es indispensable elevarse más alto y buscar la iluminación del cielo.[7]

En otro lugar dice:

> Por lo tanto, cuando aquí se nos dice que los hombres son incapaces de contemplar las disposiciones de la divina providencia hasta que obtienen la sabiduría de alguna fuente aparte de ellos mismos, ¿cómo podemos

7. Calvin, 142.

obtener sabiduría, sino recibiendo sumisamente lo que Dios nos enseña por su Palabra y por su Espíritu Santo?[8]

El cambio de perspectiva de Asaf no se debió en parte alguna a su propia capacidad de percibir los caminos y la sabiduría de Dios. Fue exclusivamente debido a esa sumisión santa y humilde a la revelación divina en el "lugar sagrado" de Dios.

El fin de los impíos

La perspectiva de Asaf sobre los impíos cambió cuando vio el fin de ellos. Su evaluación de los impíos hasta este punto había sido desde la perspectiva del tiempo y no de la eternidad. Había observado cómo vivían en esta vida, qué disfrutaban en esta vida y qué recibían en esta vida. Cuando comprendió el fin de ellos, su actitud hacia los impíos cambió. El trato de Dios con los impíos y los justos parecía eminentemente injusto, hasta que se incluyó el fin de ambos en la ecuación.

Con "fin", Asaf no se refiere a su muerte física, sino a su muerte eterna. Él ya ha descrito cómo mueren físicamente, y señaló que luce notablemente libre de dolor y sufrimiento. El versículo 4 dice: "Porque no hay dolores en su muerte". Muchos impíos llegan al final su vida enfrentando la muerte pacíficamente debido a que se han convencido de que su muerte física es el fin de su existencia y de su ser consciente. Es debido a que los impíos creen que no hay vida después de la muerte que se acercan a esta sin remordimientos de conciencia ni miedo. Contrariamente a sus creencias, su muerte física no es el final de su vida, sino el comienzo de su muerte eterna bajo la ira de Dios.

Con "fin", Asaf se refiere a su juicio eterno. Esto se describe en los siguientes versículos:

---

8. *Ibid.*, 143.

Salmo 73:18-20:
18 Ciertamente tú los pones en lugares resbaladizos;
los arrojas a la destrucción.
19 ¡Cómo son destruidos en un momento!
Son totalmente consumidos por terrores repentinos.
20 Como un sueño del que despierta,
oh Señor, cuando te levantes,
despreciarás su apariencia.[9]

Más adelante en el salmo, se contrasta el fin de los impíos con el de los justos: "Con tu consejo me guiarás, y después me recibirás en gloria" (v. 24). Los justos reciben gloria eterna, mientras que los impíos son destruidos eternamente.

La naturaleza de la condición eterna de los impíos o de los justos no es algo que se pueda saber a partir de la revelación natural, ni deducir mediante el intelecto humano. La existencia del cielo o del infierno no es algo que podamos conocer aparte de la revelación divina. Dios debe revelarnos la gloria prometida a los justos y el castigo que les espera a los impíos. De otro modo, no podríamos saber esto.

Si todo lo que conociéramos sobre los impíos lo supiéramos por observarlos en esta vida, nos veríamos obligados a concluir que Dios bendice a los impíos con riquezas y tranquilidad. Si todo lo que conociéramos sobre los justos lo supiéramos por observar sus experiencias en esta vida, nos veríamos obligados a concluir que Dios castiga y maldice a los justos. Nosotros también diríamos: "Ciertamente en vano he guardado puro mi corazón y lavado mis manos en inocencia" (v. 13). No sabríamos nada más sobre los impíos o los justos. Nuestra comprensión de la bondad de Dios se vería sesgada para siempre por lo que vemos en esta vida. Afortunadamente, no solo nos quedamos con lo que

---

9. Veremos un análisis más detallado de estos versículos en el próximo capítulo.

podemos ver en esta vida. Dios ha revelado la verdad sobre la vida venidera.

Evaluar la prosperidad de los impíos sin considerar su fin es como evaluar *Lo que el viento se llevó* por nada más que los primeros dos minutos de créditos iniciales. Si todo lo que vemos es la aflicción de los justos, sin su recompensa y gozo eternos, nuestra perspectiva sobre su sufrimiento no estará completa.

Es una tontería y un error analizar los tiempos de los impíos aislados de su eternidad. No podemos dar sentido a su prosperidad si no consideramos su innegable destrucción. De hecho, debemos evaluar su prosperidad a la luz de su incuestionable fin. Cuando consideramos su fin, vemos que toda su prosperidad no es nada más que una brillante maldición. Es con una vida tranquila que son llevados a una muerte segura, solo para ser sumergidos en la ira de Dios por toda la eternidad cuando dan su último respiro. Sus riquezas no les permiten ver la ira venidera.

David Engelsma escribe: "A la luz del fin de los impíos prósperos, toda la prosperidad de los impíos se considera una maldición; solo maldición. A la luz del fin de los santos afligidos, todos sus problemas son una bendición; solo bendición".[10]

Matthew Henry dijo:

> Bien está lo que bien acaba, eternamente bien; pero no hay nada bueno que termine mal, perpetuamente mal. Las aflicciones del justo terminan en paz y, por lo tanto, él es feliz; los deleites del impío terminan en destrucción y, por lo tanto, él es miserable.[11]

---

10. David J. Engelsma, *Prosperous Wicked and Plagued Saints: An Exposition of Psalm 73* (posiciones 612-613 en Kindle). Reformed Free Publishing Association. Edición para Kindle.
11. Henry, 849.

La eternidad equilibra la balanza. No hay injusticia en Dios. El final de la historia para los justos y los impíos aún no se ha revelado en su totalidad.

7

El peligro de los impíos

Salmo 73:18-20
Ciertamente tú los pones en lugares resbaladizos;
los arrojas a la destrucción.
¡Cómo son destruidos en un momento!
Son totalmente consumidos por terrores repentinos.
Como un sueño del que despierta,
oh Señor, cuando te levantes,
despreciarás su apariencia.

El marcado contraste entre las vidas y la eternidad de los impíos y los justos se representa vívidamente en el relato de Jesús sobre el rico y Lázaro[1] en Lucas 16. Estos son los detalles que Jesús proporcionó:

> Había cierto hombre rico que se vestía de púrpura y lino fino, celebrando cada día fiestas con esplendidez. Y un pobre llamado Lázaro yacía a su puerta cubierto de llagas, ansiando saciarse de las migajas que caían de la

1. Este no es el mismo Lázaro que fue un amigo de Jesús, mencionado en Juan 11.

mesa del rico; además, hasta los perros venían y le lamían las llagas. Y sucedió que murió el pobre y fue llevado por los ángeles al seno de Abraham; y murió también el rico y fue sepultado. En el Hades alzó sus ojos, estando en tormentos, y vio a Abraham a lo lejos, y a Lázaro en su seno. Y gritando, dijo: "Padre Abraham, ten misericordia de mí, y envía a Lázaro para que moje la punta de su dedo en agua y refresque mi lengua, pues estoy en agonía en esta llama." Pero Abraham le dijo: "Hijo, recuerda que durante tu vida recibiste tus bienes, y Lázaro, igualmente, males; pero ahora él es consolado aquí, y tú estás en agonía. "Y además de todo esto, hay un gran abismo puesto entre nosotros y vosotros, de modo que los que quieran pasar de aquí a vosotros no puedan, y tampoco nadie pueda cruzar de allá a nosotros." Entonces él dijo: "Te ruego, pues, padre, que lo envíes a la casa de mi padre, pues tengo cinco hermanos, de modo que él los prevenga, para que ellos no vengan también a este lugar de tormento." Pero Abraham dijo: "Ellos tienen a Moisés y a los profetas; que los oigan." Y él dijo: "No, padre Abraham, sino que si alguno va a ellos de entre los muertos, se arrepentirán." Mas Abraham le contestó: "Si no escuchan a Moisés y a los profetas, tampoco se persuadirán si alguno se levanta de entre los muertos."[2] (Lucas 16:19–31).

---

2. No me inclino a la opinión de que Jesús está simplemente contando una parábola con la intención de enseñar una verdad espiritual. Yo creo que este es un relato real de dos personas muy reales, una de las cuales se llamaba Lázaro. Si mi evaluación es correcta, entonces aquí se describe el lugar de tormento y la intensidad del tormento, así como la dicha y el gozo que experimentó el justo Lázaro. Esto nos proporciona un relato de la vida después de la muerte que nos dio Aquel que conoce la existencia y la residencia de cada uno de los dos hombres aquí descritos. Si estoy equivocado y esto es solo una parábola,

Este relato es sorprendentemente similar a los detalles del Salmo 73. El rico vivió una vida de opulencia y esplendor. Disfrutó de su lino fino y del esplendor de la provisión abundante. El rico no tuvo piedad de Lázaro, quien, en su aflicción, se comió las migajas que cayeron de la mesa del rico. El rico, aunque era algo que estaba dentro de sus posibilidades, no hizo nada para aliviar el sufrimiento del pobre Lázaro. Cuando ambos hombres murieron, su suerte se revirtió por completo. El justo Lázaro, quien vivió su vida en aflicción y sufrimiento, fue a su eterna recompensa. El rico, quien vivió toda su vida en riqueza y lujo, estaba en agonía. En la historia, Abraham describió esta reversión en el versículo 25: "Hijo, recuerda que durante tu vida recibiste tus bienes, y Lázaro, igualmente, males; pero ahora él es consolado aquí, y tú estás en agonía".

La vida terrenal de estos dos hombres no podría ser más diferente. El estado eterno de estos dos hombres no podría ser más diferente. La vida terrenal contrastada con el estado eterno de cada hombre no podría ser más diferente.

Encontramos la misma reversión de suerte en el Salmo 73. Los impíos, que viven su vida en opulencia y lujo, son arrojados a la destrucción total y completa en el juicio eterno (vv. 18-20). Los justos, que viven bajo las aflicciones y castigos del Señor, son llevados a una gloria eterna en la presencia de un Dios amoroso (vv. 23-24). Cuando Asaf finalmente entendió el "fin" de los

---

entonces esta es la única parábola que Jesús contó en la cual nombra a un personaje principal. Además, si esto no es un hecho real y es solo una parábola, aún somos justificados al creer 1) que el infierno es un lugar de tormento consciente por la eternidad, el cual es insoportable, 2) que existe un lugar de paraíso eterno (cielo), al que aquí se hace referencia como "el seno de Abraham", 3) que los impíos inmediatamente van a un lugar de tormento en el momento de su muerte, y 4) que los justos inmediatamente van al paraíso para disfrutar de la felicidad del cielo. Esto lo creemos no basándonos solamente en este pasaje, sino en la autoridad de todo lo revelado en las Escrituras sobre la vida después de la muerte.

impíos, vio que su riqueza no era algo que se debía envidiar en absoluto, ya que no se trataba de la bendición de Dios sobre ellos, sino más bien del vehículo de su perdición y juicio. La reflexión sobre el fin de los impíos también hizo que Asaf fuera más consciente del glorioso fin prometido a los justos. Veremos más sobre la provisión de Dios para los justos en el próximo capítulo. Aquí consideraremos la destrucción y el juicio de los impíos prósperos que se describen en los versículos 18-20.

El juicio no es agradable

No nos gusta hablar mucho del infierno en estos días. Incluso en las iglesias cristianas, se le quita importancia a la doctrina. Supongo que no debería sorprendernos, dado que la doctrina del pecado se evita de la misma manera en que se evita hablar de política en la comida anual del Día de Acción de Gracias. Los pastores que usan jeans ajustados y se centran en el buscador se saltan cualquier conversación importante sobre el pecado con términos como "errores", "fracasos" y "cosas malas". Rara vez se proclaman las consecuencias del pecado, incluida la ira de un Dios santo. El infierno se menciona con vacilación, y solo entonces se describe como si no fuera una de las mejores ideas de Dios.

A diferencia de la mayoría de las iglesias centradas en el buscador, las Escrituras no se disculpan con respecto a su enseñanza sobre el pecado, la justicia de Dios y el infierno eterno. Las descripciones del infierno son gráficas, las advertencias son fuertes y las enseñanzas son claras.

La revelación del Antiguo Testamento sobre la vida después de la muerte no es tan detallada y específica como la que encontramos en el Nuevo Testamento. El Antiguo Testamento ciertamente enseña que habrá una destrucción de los impíos y una gloria para los justos. Vemos esta distinción incluso en este mismo salmo que estamos estudiando.

Del mismo modo, los detalles sobre el momento y la naturaleza de la resurrección del cuerpo son mucho menos claros en el Antiguo Testamento que en el Nuevo. Job creía que aunque se deshiciera su piel, su cuerpo se levantaría (Job 19:23-27). David creía que finalmente sería resucitado de entre los muertos, y la expresión de esa creencia terminó siendo una declaración profética con respecto a la resurrección de su Hijo mayor, el Mesías (Salmo 16:10). La resurrección del cuerpo también se describe en Isaías 26:19 y en Daniel 12:2. Nada de esto se compara con la enseñanza clara e inequívoca en el Nuevo Testamento con respecto a los estados eternos tanto de los malvados como de los justos, y a la naturaleza de los cuerpos resucitados.

Jesús enseñó que tanto el cielo como el infierno eran realidades eternas (Mateo 25:46). El infierno se describe como un "infierno de fuego" y un "fuego eterno" (Mateo 5:22; 18:19; 25:41). Es un lugar de "fuego inextinguible" en el que se arrojan los cuerpos (Marcos 9:43; Mateo 5:29). En resumen, Jesús enseñó que el infierno se trata de un tormento consciente por la eternidad.

Las epístolas también contienen palabras aleccionadoras sobre el estado eterno de los condenados. Considere la descripción de Pablo en 2 Tesalonicenses 1:5-10:

> Esta es una señal evidente del justo juicio de Dios, para que seáis considerados dignos del reino de Dios, por el cual en verdad estáis sufriendo. Porque después de todo, es justo delante de Dios retribuir con **aflicción** a los que os afligen, y daros alivio a vosotros que sois afligidos, y también a nosotros, cuando el Señor Jesús sea revelado desde el cielo con sus poderosos ángeles en llama de

> fuego, dando **retribución** a los que no conocen a Dios, y a los que no obedecen al evangelio de nuestro Señor Jesús. Estos sufrirán el **castigo de eterna destrucción**, excluidos de la presencia del Señor y de la gloria de su poder, cuando El venga para ser glorificado en sus santos en aquel día y para ser admirado entre todos los que han creído; porque nuestro testimonio ha sido creído por vosotros.[3]

En ninguna parte se menciona ni describe el infierno como si fuera una doctrina de la cual deberíamos estar avergonzados. La justa condena de los pecadores impenitentes en el tormento consciente por la eternidad es una expresión de la rectitud, la santidad y la justicia de Dios. Dios es glorificado por esta doctrina, ya que magnifica no solo su justicia pura y perfecta, sino que además demuestra la gloria de su gracia y misericordia.

Aunque todos los pecadores, incluso por una sola infracción de la ley de Dios (Santiago 2:10), merecen la separación eterna del amor y la bondad de Dios, Dios ha sido compasivo para salvar a aquellos que han violado su santa ley. Esto lo hizo a través de la obra de su Hijo, el Señor Jesucristo, por lo que hizo en la cruz hace casi 2.000 años.

El Hijo divino –la segunda persona de la Trinidad– vino a esta Tierra, nació de una virgen, vivió una vida perfecta, luego sufrió y murió una muerte perfecta en la cruz, recibiendo la ira del Padre en nombre de todos los que se arrepentirán de su pecado y depositarán su fe en Él. El precio por el pecado de todos aquellos que buscan refugio en el Hijo fue pagado en su totalidad en el Calvario cuando Dios derramó Su ira sobre Su propio Hijo. Fue la ira que nosotros merecíamos. Recibió los golpes que nos correspondían (Isaías 53:3-8).

---

3. Énfasis del autor.

Jesucristo no murió por Su propio pecado. Él fue el "justo" que murió en el lugar de otros como su sustituto y su sacrificio (1 Pedro 2:24; 2 Corintios 5:21; Juan 10:14-18, 25-30). Ahora, Dios puede declararnos justos por la fe debido a lo que Cristo ha hecho (Filipenses 2:8-11; Romanos 4:5; 5:1-2). Los que son Suyos a través del arrepentimiento y la fe han sido liberados de la ira venidera.

Cualquier predicación o presentación del evangelio que minimice la gravedad del pecado y el horror del infierno eterno bajo la ira de Dios disminuye la gloria de Dios en el Evangelio.

El infierno es un lugar donde se aplica justicia eterna. Es donde los impenitentes son castigados por sus crímenes contra un Rey santo, amoroso y perfecto. Así como la idea de que los delincuentes debieran quedar impunes por crímenes horribles y escapar de la justicia de la ley en esta nación nos produce repugnancia, de la misma manera debería disgustarnos la idea de que los impenitentes no sean castigados por sus crímenes. El infierno es un castigo eterno debido a que el Dios cuya ley ha sido transgredida es un ser eterno e infinito en sus perfecciones y su gloria. Todo pecado, sin importar cuán insignificante se vea para nosotros, es un crimen despótico contra el Soberano más grande del universo.

La destrucción eterna de los impíos bajo la santa ira de Dios no es una doctrina por la cual debamos avergonzarnos. No necesitamos disculparnos por esta verdad, ni tampoco por el Dios que creó el infierno.[4]

---

4. Para obtener más información acerca del infierno, incluida una defensa de la doctrina de la condenación eterna, recomendaría *Sinners in the Hands of a Good God: Reconciling Divine Judgment and Mercy* de David Clotfelter y *Hell on Trial: The Case for Eternal Punishment* de Robert A. Peterson (disponibles solamente en inglés).

Pasemos ahora a la descripción que se da sobre la destrucción de los impíos prósperos en el Salmo 73.

Terreno resbaladizo

Salmo 73:18
Ciertamente tú los pones en lugares resbaladizos;
los arrojas a la destrucción.

Quizás haya escuchado a alguien describir la suerte de otra persona en la vida con esta frase: "se ganó la lotería". Así es como describimos a aquellos que tienen riqueza y poder en nuestro mundo. Si alguien nació en la riqueza, consigue un buen trabajo y acumula muchos de los bienes de este mundo, las personas dirán que "se ganó la lotería". Incluso si todo lo que han adquirido es el resultado de su arduo trabajo, su diligencia y su sacrificio, los ricos son vistos como si el azar fuese lo único a lo que le pueden atribuir su abundancia.

No fue por casualidad ni por accidente que los impíos prósperos habían alcanzado tanta riqueza y poder. Sus riquezas en la vida no se debieron a la suerte. No fue que simplemente "se ganaron la lotería".

Asaf definitivamente no creía que la prosperidad de los impíos se debía a la suerte. Si Asaf hubiese creído eso, no habría experimentado ningún desconcierto por la prosperidad que tienen los impíos en la vida. Simplemente hubiese dicho: "Bueno, así es la vida. El tiempo y la suerte nos llegan a todos. Dio la casualidad de que resultó así". Pero Asaf no respondió de esa manera. Debido a que él creía en la soberanía de Dios y en que el hombre no puede recibir nada si no le es dado por Dios, Asaf estaba perplejo. Él entendió muy bien que Dios fue el que había dado a los impíos hasta la última parte de su prosperidad. Nada de lo que poseían les había llegado por casualidad; ni siquiera un centavo.

Si los impíos disfrutaban de posiciones de poder, influencia y prestigio, era porque Dios los había puesto allí. Fue nada menos que la mano soberana de Dios la que les había dado a estos hombres todas las formas de prosperidad que disfrutaban.

Esto es lo que era tan perturbador. Parecía que Dios les estaba otorgando prosperidad a sus enemigos como una bendición, y que estaba reteniendo dicha bendición de aquellos que le eran fieles.

Asaf afirmó que fue la mano de Dios la que exaltó a estos hombres a sus posiciones de prosperidad y notoriedad en el versículo 18: "Ciertamente tú los pones en lugares resbaladizos". El "tú" en este versículo, y en los versículos posteriores, está dirigido a Dios. Dios puso a estos hombres en esta posición. Dios elevó a los impíos a su lugar actual. Su posición actual (por elevada que pareciera) era, de hecho, los "lugares resbaladizos", y Dios los había colocado ahí.

Los prósperos creen en vano que sus riquezas son una fuente de protección y seguridad. El Salmo 52:7 pronuncia juicio contra el hombre que confía en sus riquezas: "He aquí el hombre que no quiso hacer de Dios su refugio, sino que confió en la abundancia de sus riquezas y se hizo fuerte en sus malos deseos". Los ricos ven su fortuna como una fortaleza de la misma manera en que los pobres ven su pobreza como su propia ruina. Proverbios 10:15 dice: "La fortuna del rico es su fortaleza, la ruina de los pobres es su pobreza".

Por mucho que piensen que sus riquezas les brindan protección y seguridad, el proverbio advierte que solo es su imaginación. Proverbios 18:11: "La fortuna del rico es su ciudad fortificada, y como muralla alta en su imaginación". A fin de cuentas, sus riquezas no los protegen contra la ira de Dios.

Proverbios 11:4: "De nada sirven las riquezas el día de la ira, pero la justicia libra de la muerte".

Se encuentran en lugares resbaladizos. El lugar alto al que Dios los ha traído es el lugar desde el cual los arrojará. Versículo 18: "los arrojas a la destrucción". Su posición de prosperidad y prominencia no es una posición segura, ni fuerte, ni segura. Es un lugar resbaladizo, del cual pueden caerse y caerán rápidamente. Esto es por la mano de Dios. Dios los puso en ese lugar resbaladizo, porque Su intención era arrojarlos desde allí. La razón por la cual Dios coloca a los impíos prósperos en su prosperidad es para poder ejecutar su inevitable sentencia.

Spurgeon dijo que Asaf "ve que la mano divina colocó a estos hombres en circunstancias prósperas y eminentes a propósito, no con la intención de bendecirlos, sino todo lo contrario... La misma mano que los llevó a su Roca Tarpeya[5], los lanzó hacia abajo desde ella. Fueron elevados por acuerdo judicial para la ejecución más completa de su sentencia".[6] Juan Calvino lo expresó así: "Dios, por un corto período de tiempo, los exalta, para que cuando caigan, su caída sea más fuerte".[7]

Hoy en día, tenemos un dicho que captura la esencia de esto: "Mientras más grandes sean, más dura será la caída". Cuanto más poderosos, más influyentes o más ricos se vuelven los

---

5. La Roca Tarpeya (/tar.ˈpe.ʝa/) era una abrupta pendiente de la cima sur de la Colina Capitolina, que tenía vistas al antiguo foro romano. Durante la República romana, se utilizó como lugar de ejecución. Asesinos, traidores, prevaricadores y esclavos de latrocinio, en caso de ser declarados culpables por parte de los *quaestores parricidii*, eran lanzados desde ella a sus muertes. Adaptado de Wikipedia: Samuel Ball Platner, *A Topographical Dictionary of Ancient Rome*, (London: Oxford University Press, 1929) Tarpeius Mons, pp. 509-510.
6. Charles Haddon Spurgeon, *The Treasury of David*, Vol. 2, *Psalms 58-110* (Peabody: Hendrickson Publishers), 251.
7. John Calvin, *Calvin's Commentary on The Book of Psalms,* Vol. 3 (Grand Rapids: Baker Books, 1999), 144.

impíos, más les dolerán su destrucción y pérdida repentinas. Lo más duro será su caída desde tal posición.

Dios ha puesto a los impíos en una posición de prosperidad, no para que estén seguros en ella, sino porque es un lugar inseguro y resbaladizo. Con toda certeza, también los arrojará de esa posición a la destrucción total y la ruina completa. Sí, Dios los ha levantado. Sin embargo, su intención no es bendecirlos con ello, sino prepararlos para el juicio que tanto se merecen. Sin duda alguna la llevará a cabo.

Moisés describió el día de la venganza de Dios sobre los impíos: "Mía es la venganza y la retribución; a su tiempo el pie de ellos resbalará, porque el día de su calamidad está cerca, ya se apresura lo que les está preparado" (Deuteronomio 32:35).

Los salmos están repletos de este tipo de palabras que describen la destrucción de los enemigos de Dios. Por ejemplo:

Salmo 37:20:
20 Pero los impíos perecerán,
y los enemigos del Señor serán como la hermosura
de los prados;
desaparecen, se desvanecen como el humo.

Salmo 37:35-38:
35 He visto al impío, violento,
extenderse como frondoso árbol en su propio suelo.
36 Luego pasó, y he aquí, ya no estaba;
lo busqué, pero no se le halló.
37 Observa al que es íntegro, mira al que es recto;
porque el hombre de paz tendrá descendencia.
38 Pero los transgresores serán destruidos a una;
la posteridad de los impíos será exterminada.

Salmo 55:23:
23 Pero tú, oh Dios, los harás caer
al pozo de la destrucción;
los hombres sanguinarios y engañadores no vivirán
la mitad de sus días;
mas yo en ti confiaré.

Salmo 92:7:
7 que cuando los impíos brotaron como la hierba,
y florecieron todos los que hacían iniquidad,
solo fue para ser
destruidos para siempre.

Salmo 94:23:
23 Él ha hecho volver sobre ellos su propia iniquidad,
y los destruirá en su maldad;
el Señor, nuestro Dios, los destruirá.

El medio por el cual Dios destruye a estos impíos en particular es su prosperidad. Su prosperidad y posición es el juicio por su maldad. Asaf cometió un error cuando pensó que los impíos se estaban saliendo con la suya con su maldad. Observó a hombres y mujeres que usaban su orgullo como un collar y la violencia como un manto. Sus antojos fueron impíos. Se burlaban de Dios y contra el cielo ponían su boca. Oprimían a los justos. Los impíos suponían que Dios no sabía de su maldad y que, en caso de estar al tanto, no le importaba (v. 11).

Dios no solo sabía de su maldad, sino que los estaba preparando para la destrucción prodigándoles prosperidad. Su riqueza no era una bendición, sino una maldición. La exaltación de los malvados por medio de su prosperidad no fue más que Dios alzándolos más alto para poder aplastarlos con más fuerza sobre las rocas del juicio divino.

Imagine a un verdugo de la Edad Media encargado de decapitar a un criminal condenado. El escenario está listo el día de la ejecución ante la multitud que observa. La cabeza del criminal cuelga del borde del bloque donde el verdugo hará el corte; sus manos están fuertemente atadas detrás de su espalda. El corpulento verdugo se para sobre el culpable, con la cabeza cubierta por una capucha negra. Agarra su hacha de verdugo. Ha afilado minuciosamente el borde para la ocasión, y el metal pulido brilla al sol. El verdugo agarra firmemente el mango y apoya la hoja en el cuello del criminal. Lentamente, el verdugo comienza a levantar el hacha hacia el cielo. El hacha se eleva más y más alto, hasta que está muy por encima de la cabeza del verdugo.

Ahora bien, imagine que, en ese mismo momento, entre la multitud, un observador apabullado exclama: "¡Esperen un minuto! ¿Acaso no sabes lo que estás haciendo? ¡La hoja del hacha va en dirección opuesta! ¡Se supone que debe moverse hacia su cuello, no apartarse de él!".

Así es con Dios y los impíos prósperos. Él los ha elevado a la prosperidad y la prominencia al igual que un verdugo levanta su hacha por encima del cuello del condenado a muerte antes de derribarlo de manera rápida y precisa. Los impíos disfrutan de su prosperidad solo por un breve momento, al igual que los condenados a muerte disfrutan cómo se retira la hoja del hacha por un breve instante. En la primera mitad del Salmo 73, Asaf es aquel observador apabullado, quien piensa que la exaltación de los malvados es un movimiento en la dirección equivocada. En el versículo 18, llegó a ver que su prosperidad no era la bendición de Dios, ni era una recompensa por su pecado: era el primer golpe del juicio divino. Fue el levantamiento del hacha del verdugo.

¿Suena duro?

A nuestro oído moderno le parece extraño escuchar que Dios juzga a las personas a través de la prosperidad. Eso difícilmente nos parece un juicio, pero eso solo se debe a que no vemos la prosperidad como Dios la ve. En nuestra cultura occidental materialista, creemos que la prosperidad es el objetivo de la vida y una evidencia de la bendición de Dios. La mayor parte de la iglesia cristiana ve la salud y la riqueza como la promesa central del evangelio. Los predicadores de la prosperidad en la radio y la televisión "cristiana" enseñan que las riquezas abundantes son la evidencia de la bendición y el favor de Dios. Prácticamente no hay cabida en nuestra mente para la idea de que la prosperidad no es una bendición que Dios da a los impíos, sino una maldición que Él usa para provocar su destrucción.

La prosperidad es una maldición para el impío debido a que endurece su corazón. De la misma manera en que el Señor endureció el corazón de Faraón para juzgarlo para Su propia gloria y Su propio honor,[8] Dios también endurece el corazón de los impíos por medio de su prosperidad. Debido a que los impíos son prósperos, se endurecen en su orgullo y en su rebelión. El oro se convierte en su dios y su prosperidad incentiva su idolatría. Están aislados de la aflicción y el sufrimiento que podrían llevarlos a Dios y acercarlos a Él. Las pruebas que nos humillan y nos enseñan a no confiar en las riquezas nunca afligen a los prósperos. Están separados de esas gracias.

La prosperidad alienta a los impíos a confiar en sí mismos, en sus propios logros y en sus propias capacidades. Debido a que

---

8. Éxodo 7:3, 13, 22; 8:15, 19; 9:7, 12, 35; 10:1, 20, 27; 11:10; 14:4, 8. Algunos pasajes describen cómo Faraón endurece su propio corazón: Éxodo 8:32; 9:34; 1 Samuel 6:6. Hay un pasaje en el cual se describe cómo Dios endurece el corazón de los egipcios: Éxodo 14:17. Deuteronomio 2:30 dice que Dios endureció el espíritu de Sehón, rey de Hesbón, e hizo obstinado su corazón.

viven sus vidas con tanta comodidad y lujo, se aferran cada vez más a las cosas de este mundo. Esto solo garantiza su destrucción. Al principio, no quieren abandonar sus comodidades, y finalmente no pueden abandonarlas. Al principio, su fortuna es su fortaleza, y finalmente se convierte en sus grilletes. La prosperidad que acumulan es en un principio su protección y, luego, su prisión.

Puede parecernos duro que Dios use las riquezas como un juicio, pero eso es precisamente lo que enseña este versículo. Dios los colocó en su prosperidad debido a que las riquezas (la abundancia mundana) son un "lugar resbaladizo". La intención de Dios con su prosperidad es su juicio y destrucción, no su bendición y recompensa. Dios tiene la libertad de juzgar a sus criaturas de cualquier manera que Él estime conveniente. Cuando consideramos su fin, vemos que toda su prosperidad no es nada más que una brillante maldición. Su vida tranquila los lleva a una muerte segura, solo para sumergirlos en la ira de Dios por toda la eternidad.

Los impíos prósperos son como pasajeros a bordo del Titanic. Están viviendo sus vidas rodeados de lujo y extravagancia, navegando en aguas tranquilas, en una noche fresca, sin absolutamente nada de qué preocuparse. Piensan que su prosperidad es insumergible. Sus riquezas crean la ilusión de que son intocables y los engañan, haciéndoles creer que nunca enfrentarán un ajuste de cuentas. Cegados por su lujo, no se dan cuenta de la fatalidad que está a punto de golpearlos cuando su "fortaleza insumergible" se encuentra en un curso intensivo con un juicio destinado a poner fin a sus vidas en un instante. Sus riquezas no les permiten ver la ira venidera.

¿Pero qué hay de los justos prósperos?

No debemos concluir de estos versículos que Dios *siempre* da prosperidad como un juicio, ni que la prosperidad es *siempre* un juicio.

Dios no *siempre* juzga a los impíos a través de la prosperidad. Existen muchas personas impías que viven en la pobreza. El hecho de que no disfruten de la prosperidad no los hace menos impíos, ni menos merecedores del juicio divino. El patán perezoso que pasa sus días blasfemando, bebiendo y saliendo de parranda, y que luego regresa a su tráiler y golpea a su esposa y a sus hijos antes de quedarse dormido con una borrachera puede vivir una vida exigua en términos de la riqueza de este mundo, pero él no es más justo que el impío próspero que se describe en el Salmo 73. Tal persona se ha ganado el juicio de Dios, y el Señor ciertamente vengará aquel mal, pero obviamente no será a través de la prosperidad. Dios no siempre juzga a los impíos a través de la prosperidad.

Asimismo, la prosperidad no siempre es un juicio. Las Escrituras están llenas de hombres que disfrutaron de la gracia de las riquezas como un regalo de la mano de Dios. Abraham, Isaac, Jacob, José, Job, David y Noé son ejemplos de hombres a quienes Dios les dio una riqueza tremenda. Así como Dios es libre de usar la prosperidad como maldición y juicio sobre los impíos, también es libre de usarla como una bendición y gracia dada a los justos. El evangelio no promete prosperidad. Eso no significa que el Señor no ponga buena parte de las riquezas de este mundo en las manos de aquellos que lo agradan. Proverbios 10:22: "La bendición del Señor es la que enriquece, y Él no añade tristeza con ella". En el caso de los impíos, Dios agrega la tristeza de su juicio eterno a su prosperidad.

El Señor tiene la libertad de ejecutar sus juicios mediante cualquier medio que considere mejor. Si Dios puede usar la fortuna y las riquezas para maldecir a los impíos y aumentar su juicio, Él tiene la libertad de hacerlo así. Puede que nosotros no veamos la prosperidad como un juicio, pero eso se debe a que no vemos lo que Dios está logrando a través de la prosperidad que Él otorga a los impíos. El problema no son los medios que Dios ha elegido, sino nuestra capacidad de comprender la forma en que Él obra a través de dichos medios.

De la envidia a la compasión

A la luz de lo que aprendemos de este versículo, ¿por qué envidiaríamos la riqueza de los impíos? ¿Quién en su sano juicio envidiaría los medios del juicio de alguien? ¿Quién desearía adjudicarse la caída y destrucción que les espera a estos rebeldes impenitentes? Definitivamente, jamás desearíamos ser el criminal condenado que tiene el cuello sobre el bloque, esperando la caída del hacha del verdugo. ¿Le gustaría estar bajo el verdugo simplemente porque el hacha va hacia arriba?

¡En ninguna manera! Más bien, "debemos tener la mente de Dios, porque Su juicio es conforme a la verdad, y no debemos admirar ni envidiar aquello que Él desprecia y despreciará; porque, tarde o temprano, hará que todo el mundo piense como Él".[9]

La ruina y destrucción de los impíos es segura. Esto se evidencia en el hecho de que Dios los ha colocado en un lugar resbaladizo para que, a su debido tiempo, sus pies puedan tropezar. Su caída será grande.

Cuando nos damos cuenta de esto, nuestra envidia debe convertirse en compasión. Los justos no se jactan ni de la muerte ni de la caída de los impíos. Su destrucción, su sufrimiento y su

---

9. Matthew Henry, *Matthew Henry's Commentary on the Whole Bible: Complete and Unabridged in One Volume* (Peabody: Hendrickson. 1994), 849.

condenación eterna no son una fuente de gozo para aquellos que conocen a Cristo y el perdón de gracia que Él ha provisto.

Dios ciertamente se deleitará en la ejecución de su juicio cuando se vengue de sus enemigos. Dios no juzga el pecado renuentemente. Él juzga el pecado para la vindicación de la justicia y la rectitud. El Salmo 33:5 dice: "Él ama la justicia y el derecho; llena está la tierra de la misericordia del Señor".[10] Tal juicio no transgrede su amor, ni su gracia, ni su compasión.

Es normal que los justos se regocijen cuando el nombre de Dios es vindicado, cuando se hace justicia y cuando el pecado de los impíos es castigado por Dios. Proverbios 21:15 dice: "El cumplimiento de la justicia es gozo para el justo, pero terror para los que obran iniquidad". Proverbios 11:10 describe el regocijo de los justos por la caída de los impíos: "Con el bien de los justos, se regocija la ciudad, y cuando perecen los impíos, hay gritos de alegría". El Salmo 107 describe el juicio de Dios sobre los rebeldes y la liberación de Su pueblo. Cerca del final del salmo, leemos que "los rectos lo ven y se alegran, pero toda iniquidad cierra su boca" (Salmo 107:42). Los justos se alegran por la liberación del pueblo de Dios y el juicio de los enemigos de Dios. Salmo 58:10: "El justo se alegrará cuando vea la venganza, se lavará los pies en la sangre de los impíos".

Se alienta a las naciones a regocijarse por la ejecución de la justicia de Dios. Deuteronomio 32:43: "Regocijaos, naciones, con su pueblo, porque Él vengará la sangre de sus siervos; traerá venganza sobre sus adversarios, y hará expiación por su tierra y su pueblo". Moisés se regocijó ante la destrucción de Egipto y el

---

10. Consulte también el Salmo 89:14: "La justicia y el derecho son el fundamento de tu trono; la misericordia y la verdad van delante de ti", y el Salmo 97:2: "Nubes y densas tinieblas le rodean, justicia y derecho son el fundamento de su trono".

ejército de Faraón, y por la liberación del pueblo de Dios de sus opresores (Éxodo 15).

Del mismo modo, el libro de Apocalipsis presenta escenas de regocijo en el cielo entre los santos y los ángeles por la justicia de Dios en la destrucción de los impíos impenitentes en la tierra. En la destrucción de Babilonia, Apocalipsis 18:20 dice: "Regocíjate sobre ella, cielo, y también vosotros, santos, apóstoles y profetas, porque Dios ha pronunciado juicio por vosotros contra ella".

Mire esta escena con aleluyas y adoración por el juicio de los impíos en Apocalipsis 19:1–4:

> Después de esto oí como una gran voz de una gran multitud en el cielo, que decía: ¡Aleluya! La salvación y la gloria y el poder pertenecen a nuestro Dios, porque sus juicios son verdaderos y justos, pues ha juzgado a la gran ramera que corrompía la tierra con su inmoralidad, y ha vengado la sangre de sus siervos en ella. Y dijeron por segunda vez: ¡Aleluya! El humo de ella sube por los siglos de los siglos. Y los veinticuatro ancianos y los cuatro seres vivientes se postraron y adoraron a Dios, que está sentado en el trono, y decían: ¡Amén! ¡Aleluya!

Todo el cielo canta el cántico del Cordero. Apocalipsis 15:3 dice: Y cantaban el cántico de Moisés, siervo de Dios, y el cántico del Cordero, diciendo: ¡Grandes y maravillosas son tus obras, oh Señor Dios, Todopoderoso! ¡Justos y verdaderos son tus caminos, oh Rey de las naciones! En verdad, los juicios de Dios son justos. Sus caminos son verdad. Su justicia es santa y correcta. Así lo dicen los redimidos.

Sería inapropiado regocijarse si se pasara por alto el pecado, si las blasfemias contra Dios y la maldad cometidas contra su reino y su pueblo no fueran castigadas justa y debidamente. Deberíamos sorprendernos si no se esperase que nos regocijáramos ante la demostración de la justicia de Dios. Ya que la justicia es el fundamento del trono de Dios y un elemento esencial de Su naturaleza, es impensable que los justos no se regocijen cuando Dios muestra dicho aspecto de su naturaleza. ¿Cómo pueden los cristianos anhelar el Reino de Cristo y orar para que venga ese Reino si no se regocijan en la justicia que vendrá junto con la manifestación plena de dicho Reino?

Obviamente, hay un extremo que se debe evitar. No nos deleitamos en la justicia de Dios debido a que les deseamos mal a personas particulares y nos deleitamos en su muerte, su dolor o su sufrimiento. Nuestro deleite son los juicios justos de Dios, no los sufrimientos de nuestro prójimo. Deberíamos sentir compasión por aquellos que son objeto de la ira de Dios, a la vez que nos regocijamos en la gloria de Dios manifestada en dicha ira contra el pecado. Estar agradecido por la justicia de Dios y a la vez triste por la perdición de quienes la enfrentan no es algo imposible.

Destrucción súbita

Salmo 73:19

¡Cómo son destruidos en un momento!

Son totalmente consumidos por terrores repentinos.

Su destrucción llega repentinamente. Su caída toma tan solo un momento. En un instante, en un abrir y cerrar de ojos, los impíos prósperos caen de su lugar resbaladizo en terrores repentinos. Asaf está describiendo una destrucción repentina y rápida. Hay una sensación de asombro al respecto. "¡Cómo son destruidos en un momento!". Esa es una expresión de asombro piadoso por lo repentino de esta destrucción.

Cuando Asaf describe su destrucción como algo repentino, no está diciendo que será inmediata. Aunque son "destruidos en un momento", el momento de esa destrucción puede estar muy lejos de nuestra perspectiva terrenal. Volvamos a la ilustración anterior del criminal condenado y el verdugo. Aunque el golpe del hacha del verdugo solo tomará un momento para terminar con la vida del condenado a muerte, esa ejecución puede demorarse un largo tiempo. Por ejemplo, el juez puede, después de pronunciar de la sentencia, programar la ejecución para dentro de un año a partir del día en que se lee el veredicto. La ejecución del criminal no es inmediata, pero cuando llega la hora, ocurre en un momento.

Spurgeon dijo:

> Su caída es de cabeza: ¡sin previo aviso, sin escape y sin esperanza de una futura restauración! A pesar de sus cadenas de oro y de su vestimenta elegante, la muerte no espera a nadie; y la severidad de la justicia (a la cual no le importa su riqueza) los arroja a la destrucción... La gloria momentánea de los desdichados se borra en un momento, y su altanería se consume en un instante.[11]

Su riqueza y su prosperidad pueden comprarles todo en esta vida, y nada en la siguiente. No pueden sobornar al Dios de la justicia eterna. La gloria, la riqueza, la prosperidad, el poder y la influencia que creen que son tan duraderos y tan perdurables, se ven eclipsados en un momento. Desaparecieron. Anteriormente, Asaf dijo que la muerte de los impíos estaba libre de dolores. "Porque no hay dolores en su muerte" (Salmo 73:4).

De hecho, puede que eso sea cierto. Puede que terminen esta vida sin dolor, pero no comienzan la eternidad de esa manera. Aunque pueden morir tranquilamente, se despertarán con dolores eternos. Este cambio ocurre de repente, en un momento. En un instante, los impenitentes impíos prósperos

---

11. Spurgeon, 251.

pasan del lujo a la destrucción. En un momento, los impíos lo pierden todo. Se precipitan desde su pedestal, su lugar resbaladizo, hasta el abismo de la ruina eterna. En ese momento, los impíos se darán cuenta de que toda su prosperidad, su tranquilidad y sus comodidades solo sirvieron para madurarlos para esta ruina.

La destrucción de los impíos se describe como "terrores repentinos". De repente, son arrastrados a la ira de Dios para enfrentar terrores inimaginables por la eternidad. "¡Horrenda cosa es caer en las manos del Dios vivo!" (Hebreos 10:31), ya que "nuestro Dios es fuego consumidor" (Hebreos 12:29).

El juicio final de los impíos se describe en Apocalipsis 20:11–15:

> Y vi un gran trono blanco y al que estaba sentado en él, de cuya presencia huyeron la tierra y el cielo, y no se halló lugar para ellos. Y vi a los muertos, grandes y pequeños, de pie delante del trono, y los libros fueron abiertos; y otro libro fue abierto, que es el libro de la vida, y los muertos fueron juzgados por lo que estaba escrito en los libros, según sus obras. Y el mar entregó los muertos que estaban en él, y la Muerte y el Hades entregaron a los muertos que estaban en ellos; y fueron juzgados, cada uno según sus obras. Y la Muerte y el Hades fueron arrojados al lago de fuego. Esta es la muerte segunda: el lago de fuego. Y el que no se encontraba inscrito en el libro de la vida fue arrojado al lago de fuego.

Los impíos prósperos no pueden evitar el día en que enfrentarán la justa ira de Dios por su pecado. Descubrirán que todos sus actos de opresión, violencia y blasfemia (vv. 3-10), no fueron olvidados (v. 11). Se darán cuenta de que, aunque pensaban que estaban escapando del juicio de Dios, en realidad estaban acumulando ira para sí mismos, una ira que revela el justo juicio de Dios. En ese día, "Habrá tribulación y angustia para toda alma humana que hace lo malo, el judío primeramente y también el griego; pero gloria y honor y paz para todo el que hace lo bueno, al judío primeramente, y también al griego" (Romanos 2:9-10).

Serán arrastrados por el terror cuando enfrenten la justicia de Aquel de cuya presencia huyen la tierra y el cielo.

Un juicio incuestionable

Salmo 73:20
Como un sueño del que despierta,
oh Señor, cuando te levantes,
despreciarás su apariencia.

La vida próspera de los impíos es similar a un sueño, del cual finalmente despertarán. Su vida de riqueza y tranquilidad no es más sustanciosa que las imágenes de un sueño. Como un sueño, pasará rápidamente. Y, una vez que despierten, se darán cuenta de que fue poco más que un espejismo.

Quizás haya tenido sueños en los que tuvo algo, o varias cosas, que siempre ha querido. En su sueño, se sintió tan seguro, satisfecho y alegre. ¡Qué decepcionado estuvo cuando se despertó y se dio cuenta de que solo era un sueño! Las riquezas que disfrutó ya no existen. Lo que poseía en el sueño no tiene nada que ver con su suerte en la realidad. El lujo, la alegría y las delicias de su sueño se desvanecen en el instante en que se despierta.

Es igual con la prosperidad de los impíos. Su riqueza en esta vida no es más que algo temporal y transitorio. Cuando acabe esta vida y haya llegado el juicio, recordarán su riqueza de la misma forma en que nosotros vemos un sueño. ¡Qué rápido llegó! ¡Y qué rápido se fue! ¡Cuán aleccionadora es su realidad! Matthew Henry señala:

> Obsérvese lo que es la prosperidad de ellos: nada sino una apariencia, un espectáculo vano, una moda pasajera del mundo; no es real, sino algo imaginario, y es solo una imaginación corrupta que hace creer que brinda felicidad. No tiene nada de sustancia, sino pura sombra. No es lo que parece ser, ni probará ser aquello que nos prometemos que es. Es como un sueño que puede complacernos un poco mientras estamos durmiendo, pero que aun entonces perturba nuestro reposo. Pero, por agradable que sea, es todo un engaño, prácticamente una falsedad; cuando despertamos nos damos cuenta de ello. Un hambriento sueña que come, pero se despierta y su alma está vacía (Isa. 29:8). Un hombre jamás será más rico ni honorable por soñar que lo es. ¿Quién, por lo tanto, envidiará a un hombre por el placer de un sueño?[12]

Por el momento, disfrutan de su sueño solo por la paciencia de Dios, la cual se compara con el sueño. El retraso en la acción de Dios contra los pecadores luce como si, desde nuestro punto de vista, Dios estuviera dormido. Que Dios se despierte de ese sueño es una forma figurada para describir la manera repentina en que Dios tomará medidas para juzgar a los impíos. Este lenguaje poético también se utiliza en otras partes. En el Salmo 44:23 leemos: "¡Despierta! ¿Por qué duermes, Señor? ¡Levántate! No nos rechaces para siempre". En el Salmo 35:23 se invoca a Dios: "Despierta y levántate para mi defensa y para mi causa, Dios mío y Señor mío".

---

12. Henry, 849.

Salmo 59:4-5:
4 Sin culpa mía, corren y se preparan
contra mí.
Despierta para ayudarme, y mira.
5 Tú, Señor, Dios de los ejércitos, Dios de Israel,
despierta para castigar a todas las naciones;
no tengas piedad de ningún inicuo
traidor. Selah.

El vocabulario relacionado con la idea de que Dios duerme es solo una imagen poética utilizada para describir la demora en la ejecución del juicio de Dios sobre los impíos y Su liberación de los justos. El Salmo 121:4 nos recuerda: "He aquí, no se adormecerá ni dormirá el que guarda a Israel".

Al igual que la prosperidad de los impíos, la inactividad de Dios es solo una ilusión. Hemos aprendido del salmo que Dios está juzgando activamente a los impíos por medio de su prosperidad. Dios está obrando, endureciendo sus corazones, cegando sus ojos y madurando a los rebeldes para Su justicia. Él no ignora su pecado (v. 11). No está dormitando ante su prosperidad, sino que la está usando activamente para prepararlos para el juicio.

Las traducciones modernas varían un poco en su interpretación de la última frase del versículo. La diferencia tiene relación con el significado de "apariencia".

RVA: menospreciarás sus apariencias.

RVR1960: menospreciarás su apariencia.

LBLA: despreciarás su apariencia.

NVI: desecharás su falsa apariencia.

RVR1977: los menospreciarás como a fantasmas.

La palabra "despreciar" tiene el significado básico de "otorgar poco valor a algo".[13] Según el *Theological Wordbook of the Old Testament*: "Si bien esta acción puede incluir o no sentimientos de desprecio o desdén que son evidentes, el uso bíblico indica que el acto mismo de subestimar algo o a alguien implica desprecio".[14]

Hay tres posibles interpretaciones para este versículo.

En primer lugar, "apariencia" se refiere a los mismos impíos. Es su imagen, que es la representación de sí mismos, lo que el Señor desprecia.[15] Esto significaría que Dios no los aprecia, sino

---

13. R. L. Harris, G. L. Archer Jr., & B. K. Waltke (Eds.), (1999). *Theological Wordbook of the Old Testament* (edición electrónica, p. 98, disponible solamente en inglés). Chicago: Moody Press.

14. *Ibid.*

15. Algunas personas se sienten muy incómodas con la idea de que Dios pudiese tener nada más que un amor abrumador por los impíos. No les cabe en la cabeza la noción de que los afectos de Dios debieran incluir algún tipo de odio hacia aquellos que practican la iniquidad. Dirían que "Dios odia el pecado, pero ama al pecador". No niego que Dios tenga alguna clase de amor por el pecador, ya que el pecador sigue siendo una criatura hecha a Su imagen. El amor que Dios tiene por el pecador no es un amor redentor que se mueve para rescatarlo de la manera en que Él ama y rescata a la novia de Cristo (Efesios 5:25-30). El amor que Cristo tiene por sus ovejas es un amor redentor que salva a sus ovejas eternamente (Juan 10:11-18, 25-30). Dios no ama a todas las personas de la misma manera, ni con el mismo fin. Así como no es adecuado negar que Dios tiene cierto amor por los impíos, tampoco es correcto negar que las Escrituras revelan que Dios también tiene odio por los impíos. El Salmo 5:5 dice: "Los que se ensalzan no estarán delante de tus ojos; aborreces a todos los que hacen iniquidad". Oseas 9:15 dice: "Toda su maldad está en Gilgal; allí, pues, los aborrecí. Por la maldad de sus hechos los expulsaré de mi casa, no los amaré más; todos sus príncipes son rebeldes". Consulte también Levítico 20:23. Proverbios 6:16-19 dice: "Seis cosas hay que odia el Señor, y siete son abominación para Él: ojos soberbios, lengua mentirosa, manos que derraman sangre inocente, un corazón que maquina planes perversos, pies que corren

que los ve como algo de poco valor. Esto difiere mucho del valor que los impíos se atribuían a sí mismos. Se pavonean con orgullo y arrogancia (v. 6) y ponen su boca contra el cielo (v. 8). Adornados con cadenas de oro, los impíos prósperos se valoran mucho a sí mismos. Dios no comparte dicha estima. A los ojos de Dios, su riqueza no aumenta su valor. Dios los ve por lo que son en verdad: hijos del polvo y enemigos rebeldes que merecen Su ira.

En segundo lugar, "forma" se refiere a los ídolos de los impíos. La palabra se usa dieciséis veces, y para citar nuevamente el *Theological Wordbook of the Old Testament*:

> Básicamente, la palabra se refiere a una representación, a una semejanza. Se utiliza cinco veces para referirse al hombre como un ser creado a imagen de Dios. Se utiliza dos veces para referirse a las copias doradas de los ratones y los tumores que afligieron a los filisteos (1 Sam. 6:5, 11). Generalmente, se refiere a un ídolo".[16]

Si este es el sentido en el cual Asaf está usando esta palabra, entonces probablemente se refiere a la riqueza y la prosperidad que los impíos idolatran. Su riqueza es el ídolo en el cual confían; es el dios al que sirven. En el juicio, Dios muestra Su desprecio hacia su "ídolo". Ciertamente, Dios no valora ni la prosperidad, ni las riquezas, ni la abundancia como lo hacen los impíos. Él la menosprecia como algo inútil y sin valor.

En tercer lugar, "apariencia" se refiere a su "sueño", que se menciona al comienzo del versículo. De acuerdo con este punto

---

rápidamente hacia el mal, un testigo falso que dice mentiras, y el que siembra discordia entre hermanos". Puede que nos sea difícil entender cómo es que estos dos afectos (el amor y el odio hacia los impíos) pueden existir simultáneamente en Dios. Esa dificultad no debería llevarnos a negar lo que las Escrituras enseñan sobre esta realidad.

16. Harris, Archer, Waltke, 767.

de vista, la NVI traduce la palabra como una "falsa apariencia". La RVR1977 hace lo mismo y utiliza la palabra "fantasmas".

Esta tercera interpretación parece encajar mejor con el contexto inmediato, especialmente la frase al comienzo del versículo. Asaf compara la prosperidad de los impíos, la vida que viven y la tranquilidad que disfrutan con la brevedad y la futilidad de un sueño. Todo su lujo no tiene más valor que el de una fantasía. Es tan solo un fantasma. Por consiguiente, Dios la desprecia. Él la menosprecia como algo sin valor. La evaluación que Dios hace de su prosperidad y de su vida tranquila es la evaluación verdadera y acertada de estos lujos.

Cuando la justicia de Dios despierte, el pecador descubrirá que las riquezas que disfrutó fueron momentáneas, pero que la miseria que padecerá será eterna.

Mientras más grandes sean las comodidades y la prosperidad de los impíos en esta vida, mayor será su pérdida cuando pasen a la siguiente. Mientras más grandes sean el sufrimiento y la aflicción de los justos en esta vida, mayor será su ganancia en el momento en que pasen a la siguiente.

El desafío para nosotros es claro: ¿envidiaremos estas cosas, como si tuvieran un valor real? ¿O tendremos compasión de aquellos que enfrentarán la ira de Dios cuando se acabe su breve sueño?

8

La provisión para los justos

Salmo 73:21-28
Cuando mi corazón se llenó de amargura,
y en mi interior sentía punzadas,
entonces era yo torpe y sin entendimiento;
era como una bestia delante de ti.
Sin embargo, yo siempre estoy contigo;
tú me has tomado de la mano derecha.
Con tu consejo me guiarás,
y después me recibirás en gloria.
¿A quién tengo yo en los cielos, sino a ti?
Y fuera de ti, nada deseo en la tierra.
Mi carne y mi corazón pueden desfallecer,
pero Dios es la fortaleza de mi corazón
y mi porción para siempre.
Porque he aquí, los que están lejos de ti perecerán;
tú has destruido a todos los que
te son infieles.
Mas para mí, estar cerca de Dios es mi bien;
en Dios el Señor he puesto mi refugio,
para contar todas tus obras.

¡Qué gran cambio se da en la segunda mitad de este salmo! Asaf pasó de envidiar a los impíos a compadecerse de ellos. Ha visto que, dado que las aflicciones de los justos terminan en paz, somos verdaderamente felices y bendecidos, debido a que lo somos por siempre. Además, la prosperidad de los impíos termina en destrucción y miseria; por lo tanto, son verdaderamente miserables, debido a que lo son eternamente.

¿Envidiaría usted al buey que está siendo engordado para la matanza? Puede ver su vida fácil, las comodidades de su pesebre y su provisión constante. El buey come hasta hartarse del grano más fino, todos los días. Se recuesta en su corral mientras otros trabajan para proporcionarle su alimento y limpiar su mugre. Estando en continuo relajo, vive sin preocuparse por nada en el mundo. ¿Lo envidia? Conociendo el final del buey, él debería ser el objeto de su lástima, y no de su envidia. Nunca deberíamos envidiar aquello que Dios desprecia.

Una perspectiva eterna nos revela que los impíos no son el objeto de la bendición de Dios, sino que lo son los justos. Hemos sido liberados de la ira de Dios. Hemos sido liberados de la destrucción eterna. Dios es bueno para con su pueblo, porque los ha rescatado del "lugar resbaladizo" de los impíos. Los justos no son arrojados en un momento a la destrucción. La muerte no implica el comienzo de la miseria eterna para aquellos que pertenecen a Dios por la fe en Cristo, sino gozo eterno y placeres para siempre (Salmo 16:11).

Una perspectiva eterna también revela que los justos no son maldecidos por Dios en esta vida. Las aflicciones de esta vida nos llevan a la gloria eterna. El castigo de esta vida es para aquellos a quienes Dios ama (Hebreos 12:4-11). Son los impíos quienes son maldecidos por Dios a través de la riqueza que Él usa para cegarlos y finalmente destruirlos.

Que Dios dé estos tesoros terrenales a Sus enemigos debería decirnos algo acerca del verdadero valor de las riquezas. Si la prosperidad financiera fuese realmente la bendición que a menudo pensamos que es, Dios no se las daría tanto a aquellos que reciben la menor parte de su amor. Dios ha reservado aquellas cosas que valen la pena para sus elegidos. Romanos 8:32: "El que no eximió ni a su propio Hijo, sino que lo entregó por todos nosotros, ¿cómo no nos concederá también con Él todas las cosas?". El hecho de que la prosperidad de los impíos viene de la mano de Dios nos dice mucho acerca de la naturaleza de estas riquezas. Su valor es solo para esta vida. Aquellas cosas que tienen valor eterno, un valor infinito y duradero, están reservadas para los Suyos. Dios es bueno para con los puros de corazón. Él da a Sus elegidos todo aquello que tiene valor. Al resto, les da la prosperidad.

Lo temporal contra lo eterno

El resto de este Salmo (versículos 21-28) se enfoca en las bendiciones y en los beneficios que les corresponden a los justos.

En la primera mitad de este salmo, hubo diez versículos que describían la prosperidad de los impíos desde una perspectiva terrenal (vv. 3-10). Se dice muy poco sobre los justos. Solo en dos versículos se habla de los justos. En esos dos versículos hay un tono negativo, ya que se cuestiona la ventaja de una vida recta. Hemos visto que la segunda mitad de este salmo es muy diferente. Solo hay tres versículos sobre los impíos, y describen su destrucción. Por el contrario, hay ocho versículos que describen las bendiciones de los justos. El versículo 27 sí habla de aquellos que perecerán, pero incluso eso pretende enfatizar las bendiciones dadas a los justos.

Asaf no nos ofrece una lista exhaustiva de las bendiciones prometidas a los justos. Esa no es su intención. En cambio, describe aquellas bendiciones que tienen una importancia eterna. Asaf está contrastando la naturaleza efímera de la prosperidad con la naturaleza eterna de las bendiciones que disfrutan los justos. En la primera mitad del salmo se contrasta a los justos y los impíos en esta vida. En la segunda mitad se contrasta a los justos y a los impíos en la siguiente. En los versículos 21-28, el enfoque está en el fin (el gozo eterno) de los justos.

Podemos examinar este gran número de abundantes beneficios bajo tres encabezados: la gracia de Dios en el perdón (vv. 21-22), la guía de Dios hacia la gloria (vv. 23-24) y la bondad de Dios por la eternidad (vv. 25-28).

La gracia de Dios en el perdón

Salmo 73:21-22
Cuando mi corazón se llenó de amargura,
y en mi interior sentía punzadas,
entonces era yo torpe y sin entendimiento;
era como una bestia delante de ti.

Estas son palabras de contrición y confesión. Asaf está describiendo el tiempo que pasó en su pensamiento pecaminoso con respecto a los impíos. El pecado de Asaf se describe en el versículo 3: “Porque tuve envidia de los arrogantes, al ver la prosperidad de los impíos”. Contempló las riquezas de los impíos y envidió sus posesiones. Deseó poder disfrutar de esas riquezas, porque erróneamente asumió que eran muestras de la bendición de Dios. Como hemos visto, esta perspectiva estaba completamente equivocada. Su envidia fue pecaminosa.

Asaf describió la conclusión blasfema a la que había llegado en los versículos 13-14: “Ciertamente en vano he guardado puro mi corazón y lavado mis manos en inocencia; pues he sido azotado todo el día y castigado cada mañana". Asaf se encontró albergando en su mente algunas falsedades con respecto a la naturaleza de Dios, sus bendiciones y su bondad.

Este pensamiento apestoso le causó a Asaf un tremendo sufrimiento espiritual y emocional. Estaba amargado y sentía punzadas en lo más profundo de su ser. Tal pensamiento puede parecer razonable y racional para un incrédulo, para una persona cuyo corazón no ha sido renovado por gracia, pero no podría ser considerado en el corazón de un creyente sin una angustia espiritual grave.

La palabra que se traduce como "amargado" significa "estar fermentado, amargo o leudado".[1] Aquí se usa en sentido figurado para describir la actitud negativa de Asaf. Aunque Asaf no revela la razón de su amargura y actitud resentida, podemos suponer algunas posibilidades.

Envidiar la prosperidad de los impíos puede hacer que uno sienta amargura contra Dios. Asaf dio por sentado, equivocadamente, que su prosperidad era una muestra de la bendición de Dios. Esto hizo que sus afectos hacia Dios fuesen amargos. ¿Por qué bendeciría Dios a los impíos? ¿Por qué derramaría Dios tales recompensas sobre aquellos que lo deshonran? ¿Por qué retendría Él tales bendiciones de aquellos que son Sus elegidos? Asaf se preguntó por qué Dios no solo lo abstendría de tales bendiciones, sino que se las daría a quienes totalmente son indignos de ellas. Sin duda alguna, esto fue una causa de amargura.

Envidiar la prosperidad de los impíos puede hacer que uno sienta amargura contra ellos. Por lo general, nos amargamos contra aquellos a quienes envidiamos. Codiciamos sus

---

1. R. L. Harris, G. L. Archer Jr., & B. K. Waltke (Eds.), *Theological Wordbook of the Old Testament* (edición electrónica, p. 297, disponible solamente en inglés). Chicago: Moody Press.

posesiones y lo que percibimos como sus "bendiciones". Cuanto más nos fijamos en las cosas que no tenemos, pero que desearíamos tener, nos volvemos más amargados y resentidos ante quienes las tienen.

Un corazón lleno de amargura tiene el potencial de contaminar no solo nuestra propia alma, sino también muchas otras. El autor de Hebreos hizo la advertencia: "Mirad bien de que nadie deje de alcanzar la gracia de Dios; de que ninguna raíz de amargura, brotando, cause dificultades y por ella muchos sean contaminados" (Hebreos 12:15–16).

El pensamiento pecaminoso de Asaf le causó un profundo dolor en el alma. En su "interior sentía punzadas". Los pensamientos pecaminosos en la mente de un buen hombre le son dolorosos y lamentables. El pensamiento pecaminoso amarga al hombre interior. Spurgeon dijo: "Vemos cuán amargamente los buenos hombres lamentan las divagaciones mentales: no se excusan, sino que ponen sus pecados en la picota y les lanzan los más viles reproches. ¡Oh, que por gracia podamos detestar la apariencia misma del mal!"[2]

Asaf confesó abiertamente que su pensamiento pecaminoso fue ignorante e insensato. Esta es la confesión de un hombre que está verdaderamente contrito por su pecado. Desde el punto de vista del santuario, Asaf vio la vanidad y la necedad de sus pensamientos pasados. Los comparó con el razonamiento de un simple animal.

Los animales no piensan en el futuro, sino que evalúan sus circunstancias solamente a la luz del presente. Solo son conscientes de aquellas realidades que se les comunican a través de sus cinco sentidos. Ellos juzgan toda su felicidad, todo su contentamiento y toda su satisfacción por las apariencias

---

2. Charles Haddon Spurgeon, *The Treasury of David*, Vol. 2, *Psalms 58-110* (Peabody: Hendrickson Publishers), 252.

externas y las experiencias inmediatas. Así también lo hizo Asaf. Había contemplado la prosperidad de los impíos y observado su pecado. Vio cómo vivían y cómo morían. Toda su evaluación de los impíos y su prosperidad no había sido más perceptiva que la de una bestia salvaje. Así como un animal podría juzgar todo por lo que ven sus ojos, Asaf también había juzgado todo simplemente por las apariencias.

Matthew Henry resumió la declaración de Asaf de esta manera:

> A las bestias solo les importan las cosas presentes y nunca miran en primer lugar lo que está por venir; y yo también. Si no hubiera sido un gran tonto, jamás hubiese permitido que una tentación tan insensata prevaleciera contra mí hasta ahora. ¡Qué locura es envidiar a los impíos por su prosperidad, estar presto a desear ser uno de ellos y pensar en cambiar mi condición por la ellos! Así de torpe era yo.[3]

> Salmo 92:6-7:
> 6 El hombre torpe no tiene conocimiento,
> y el necio no entiende esto:
> 7 que cuando los impíos brotaron como la hierba,
> y florecieron todos los que hacían iniquidad,
> solo fue para ser
> destruidos para siempre.

Eso describe perfectamente el pensamiento pecaminoso de Asaf en la primera mitad del Salmo 73. Le faltaba la comprensión de que el éxito de los impíos era solo temporal y que su resultado

3. Matthew Henry, *Matthew Henry's Commentary on the Whole Bible: Complete and Unabridged in One Volume* (Peabody: Hendrickson, 1994), 849.

era la destrucción eterna. En las palabras del Salmo 92, es el "hombre torpe" y el "necio" quien no entiende esto.

Por la gracia de Dios, Asaf fue rescatado de su necio pensamiento, su corazón amargado y su angustia espiritual. Dios le permitió ver el fin de los impíos y el fin de los justos. En Su gracia, Dios le otorgó a Asaf el arrepentimiento.[4] Asaf halló el perdón por el pecado que confesó. Tenía toda la confianza en que Dios lo recibiría en gloria (v. 24).

La guía de Dios a la gloria

Salmo 73:23-24
Sin embargo, yo siempre estoy contigo;
tú me has tomado de la mano derecha.
Con tu consejo me guiarás,
y después me recibirás en gloria.

Asaf había sentido profundamente su peligro espiritual. Sabía que sus pies estuvieron "a punto de tropezar". Sus pies "casi resbalaron". Una vez que fue rescatado de su resentido corazón y de su angustia espiritual, le dio el crédito a Dios por su preservación espiritual. A pesar de su pensamiento pecaminoso y bruto, Asaf se mantuvo alejado de la apostasía espiritual por nada menos que la gracia preservadora de Dios. Aunque sus pies estuvieron a punto de resbalar, nunca se resbalaron por completo. Aunque miró hacia el abismo de la apostasía, el Señor lo protegió de caer precipitadamente a una ruina espiritual absoluta. Esta es la obra protectora de un Dios que salva completamente a todos los que confían en Él.

---

4. Las Escrituras enseñan que el arrepentimiento es un regalo que Dios le otorga a su pueblo. Consulte Hechos 5:31; 11:18; y 2 Timoteo 2:25. Esto de ninguna manera niega el mandato positivo a los pecadores de arrepentirse del pecado y volverse a Dios. Consulte Hechos 17:31 y 1 Tesalonicenses 1:9-10.

Asaf tenía confianza en la presencia de Dios. Incluso en su angustia espiritual, con los pies cerca de la apostasía, la presencia de Dios permaneció con él. Puede que Asaf no haya sentido la presencia de Dios en medio de su problema espiritual. Puede haberse sentido amargado y alejado del mismo Dios al que adoraba y servía, pero la presencia de Dios seguía con él. Dios no abandona a su pueblo a la ruina espiritual. Jamás lo hará (Hebreos 13:5). Asaf no tenía que atribuirse el crédito por la presencia de Dios. Fue Dios quien tomó a Asaf, no al revés. "Tú me has tomado de la mano derecha". Fue solo en este lado de su crisis espiritual que Asaf se dio cuenta de la presencia de Dios y conoció la bondad de dicha presencia.

Calvino describió maravillosamente esta presencia protectora de Dios distinguiendo entre nuestra percepción de Su presencia y la realidad de dicha presencia, incluso cuando la ignoramos. Él escribe:

> Se dice que los hombres están con Dios de dos maneras. En primer lugar, con respecto a la aprensión y el pensamiento, cuando son persuadidos de que viven en su presencia, son gobernados por su mano y sustentados por su poder. En segundo lugar, cuando Dios, a quien ellos no perciben, les pone un freno mediante el cual, cuando se descarrían, Él los refrena en secreto y les impide apostatar totalmente de Él. Por lo tanto, cuando una persona imagina que Dios no se preocupa por él, tal persona no está con Dios, según sus propios sentimientos o temores; pero, aun así, ese hombre, si no es abandonado, permanece con Dios, puesto que la gracia secreta u oculta de Dios continúa con él. En resumen, Dios siempre está cerca de Sus elegidos;

> porque a pesar de que a veces le dieron la espalda, siempre tiene su mirada paternal vuelta hacia ellos.[5]

Asaf estaba agradecido por la presencia restrictiva y sostenedora de Dios, la cual le impedía caer en la apostasía y en blasfemias abiertas. Sabía que Dios lo había tomado de la mano derecha.

La imagen de Dios tomando a su hijo de la mano es reconfortante. Se dice que aquellos que tienen a Dios a su diestra están seguros. Salmo 16:8: "Al Señor he puesto continuamente delante de mí; porque está a mi diestra, permaneceré firme".

Compare el agarre lleno de gracia de Dios sobre la mano de los justos con su juicio sobre los brazos de los impíos en el Salmo 37:17: "Porque los brazos de los impíos serán quebrados; mas el Señor sostiene a los justos".

Aunque los justos ciertamente tropezarán y caerán, Dios los ha asegurado con el agarre de su mano amorosa. El Salmo 37:24 dice: "Cuando caiga, no quedará derribado, porque el Señor sostiene su mano". El Salmo 63:8 dice: "A ti se aferra mi alma; tu diestra me sostiene".

La misma promesa tuvo el propósito de ser un aliento para la nación de Israel en Isaías 41:10 y 13:

> 10 No temas, porque yo estoy contigo;
> no te desalientes, porque yo soy tu Dios.
> Te fortaleceré, ciertamente te ayudaré,
> sí, te sostendré con la diestra de mi justicia.
> 13 Porque yo soy el Señor tu Dios,
> que sostiene tu diestra,
> que te dice: "No temas, yo te ayudaré".

---

5. John Calvin, *Calvin's Commentary on The Book of Psalms*, Vol. 3 (Grand Rapids: Baker Books, 1999), 151-152.

Jesús usó la misma imagen del poder de la mano de Dios en la conservación de Sus elegidos en Juan 10. Con respecto a las ovejas que el Padre le había dado en la eternidad pasada, Jesús dijo:

> Mis ovejas oyen mi voz, y yo las conozco y me siguen; y yo les doy vida eterna y jamás perecerán, y nadie las arrebatará de mi mano. Mi Padre que me las dio es mayor que todos, y nadie las puede arrebatar de la mano del Padre. Yo y el Padre somos uno (Juan 10:27-30).

Jesús prometió que salvaría a todos los que el Padre le dio, y que los levantaría en el día postrero (Juan 6:37-44).[6] Ni una sola de sus ovejas se perderá. Dios no solo ha reservado el cielo para nosotros, sino que nos preserva para este.

1 Pedro 1:3–5 dice que nuestra herencia está reservada en los cielos y que el poder de Dios nos guarda para que recibamos la herencia que Cristo ha puesto como finalidad en nuestra salvación. Pedro escribe:

> Bendito sea el Dios y Padre de nuestro Señor Jesucristo, quien según su gran misericordia, nos ha hecho nacer de nuevo a una esperanza viva, mediante la resurrección de Jesucristo de entre los muertos, para obtener una herencia incorruptible, inmaculada, y que no se marchitará, reservada en los cielos para vosotros, que sois protegidos por el poder de Dios mediante la fe, para la salvación que está preparada para ser revelada en el último tiempo (1 Pedro 1:3-5).

---

6. Para una exposición completa de estos pasajes en Juan, le animo a que consulte la serie de mensajes que prediqué durante un estudio de 7 años del evangelio. Esos mensajes se encuentran archivados en el sitio web de Kootenai Community Church (http://www.kootenaichurch.org).

Según el consejo de Dios, Él guía a sus elegidos en esta vida en medio de los peligros espirituales, los tiempos peligrosos, las posibles apostasías, los ataques de Satanás e incluso sus propias dudas, y los lleva a la gloria de forma segura. Como dice Asaf: "y después me recibirás en gloria" (v. 24).

Este es el fin de los justos. Entraremos en Su gloria. Gloria infinita. Gloria eterna. Contemplaremos la gloria de Dios y veremos al Hijo, el capitán de nuestra salvación, en su gloria, la gloria que tuvo con el Padre antes de que el mundo comenzara (Juan 17:5). El gran pastor de las ovejas guiará, alimentará y protegerá a Su rebaño y llevará a todos a salvo a su gloria eterna, la gloria que Dios prometió desde los tiempos eternos (Tito 1:2).

Salmo 49:15:
15 Pero Dios redimirá mi alma del poder del Seol,
pues Él me recibirá. Selah.

Los impíos serán exterminados para siempre. Salmo 37:9, 22: "Porque los malhechores serán exterminados, mas los que esperan en el Señor poseerán la tierra. Porque los que son bendecidos por el Señor poseerán la tierra, pero los maldecidos por Él serán exterminados". Dios jamás exterminará a los justos. El Señor Jesucristo nunca los apartará (Juan 6:37). Como dijo Judas: "Y a aquel que es poderoso para guardaros sin caída y para presentaros sin mancha en presencia de su gloria con gran alegría, al único Dios nuestro Salvador, por medio de Jesucristo nuestro Señor, sea gloria, majestad, dominio y autoridad, antes de todo tiempo, y ahora y por todos los siglos. Amén" (Judas 24–25).

¡Él nos recibirá en gloria! ¿Quién en su sano juicio querría intercambiar su lugar con el de los impíos?

El fundamento de la confianza de Asaf

¿Cómo podía Asaf sentirse tan seguro? ¿Cómo podía estar seguro de que Dios lo recibiría en gloria? La única forma en que Asaf podía encontrarse así de confiado era si podía estar absolutamente seguro del poder y los propósitos protectores de Dios para con sus elegidos. Si no es por el propósito y el poder de Dios que guarda a sus elegidos para la gloria final, estos no pueden tener la certeza de que verdaderamente la verán.

Asaf no podía confiar en su propia capacidad para perseverar hasta el final. Después de todo, acababa de pasar por una crisis de fe lo suficientemente grave como para sacudir hasta el fondo al creyente más firme. Sus pies por poco resbalaron. Casi tropezaron sus pasos. Había comenzado a creer cosas blasfemas sobre Dios y su bondad, razonando como un necio y una bestia salvaje. Esta crisis le enseñó a Asaf cuán débil era con sus propias fuerzas. Era un profeta de Dios[7] y un gran líder de adoración bajo el rey David, pero su crisis de fe amenazó con ser su ruina. Si un hombre tan grande pudiera finalmente caer en la ruina y perecer, ¿qué esperanza podríamos tener tú o yo?

Si por un momento Asaf hubiese creído que su perseverancia final para la gloria eterna dependía de sus propias fuerzas, jamás hubiese pronunciado palabras como estas: "Con tu consejo me guiarás, y después me recibirás en gloria". En cambio, tendría que haber dicho: "Con mi propia fuerza y por mi propio esfuerzo, esperaré por fin (siempre que no caiga de nuevo) llegar a la gloria eterna. Casi caí una vez, y no tengo ninguna confianza de que no volveré a caer, y esta vez en la ruina y la destrucción eternas".

Asaf había aprendido que el poder de Dios guarda y preserva a los suyos. Aunque el brazo de carne pudiese fallarle, el poderoso brazo de Dios que lo tomó de la mano derecha lo

---

7. 1 Crónicas 25:1-2; 2 Crónicas 29:30.

llevaría a la gloria a salvo. Si Dios se ha propuesto la salvación de su pueblo, no fallará. Él no puede fallar. Al igual que Asaf, podemos tener absoluta confianza en que Él nos guiará y con seguridad nos recibirá en gloria.

La bondad de Dios por la eternidad

Salmo 73:25-28

¿A quién tengo yo en los cielos, sino a ti?
Y fuera de ti, nada deseo en la tierra.
Mi carne y mi corazón pueden desfallecer,
pero Dios es la fortaleza de mi corazón
y mi porción para siempre.
Porque he aquí, los que están lejos de ti perecerán;
tú has destruido a todos los que te son infieles.
Mas para mí, estar cerca de Dios es mi bien;
en Dios el Señor he puesto mi refugio,
para contar todas tus obras.

En ninguna parte es más evidente que aquí que el enfoque de Asaf ha cambiado por completo. Su enfoque es celestial. Expresó su confianza en que el Señor lo recibiría en gloria, y ahora su atención se centra en las delicias y el gozo de dicha gloria. Sus ojos están puestos en las riquezas del cielo, en lugar de en las riquezas de los paganos. ¡Qué gran cambio de perspectiva se ha forjado en Asaf por haber entrado en el santuario de Dios (v. 17)!

Asaf ya no pensaba que su destino se caracterizaba por el castigo y la aflicción (v. 14). Había llegado a ver que Dios mismo es el tesoro y el gozo del cielo. Dios es quien hace que el cielo sea el cielo. No hay nada que el cielo pueda ofrecer que pueda compararse de alguna manera con el tesoro que se encuentra en Dios mismo. En el cielo no existe nada ni nadie tan deseable como Dios. "¿A quién tengo yo en los cielos, sino a ti?". La respuesta implícita a esa pregunta es: "nadie".

Todo el brillo y el oro de este reino terrenal habían perdido su encanto. "Y fuera de ti, nada deseo en la tierra". Esto difiere mucho de su declaración en el versículo 3: "Porque tuve envidia de los arrogantes, al ver la prosperidad de los impíos". Ya no deseaba su riqueza, ni su prosperidad, ni su vida tranquila. Había llegado a ver a Dios como un tesoro mucho más rico, más deseable y mucho más grande que cualquier cosa que este reino terrenal pudiera ofrecer. Su envidia de la prosperidad llegó a su fin cuando vio el fin de ellos. La prosperidad de los impíos es su juicio. El tesoro de los justos es su Dios. Alguna vez, las tentaciones del lujo y la tranquilidad acercaron su corazón a la perdición. Habiendo sido rescatado de una caída por la gracia de Dios, Asaf descubrió que Dios era un tesoro más grande que todo lo que los impíos tenían o podían esperar tener.

Cuando Dios desapareció del rango de visión de Asaf, toda luz más pequeña parecía impresionante y toda atracción terrenal comenzó a relucir. Pero una vez que el corazón de Asaf se fijó en Dios, todo perdió su brillo. ¿Qué podría compararse con Él? ¿Quién podría compararse con Él? ¿Qué es mayor, el oro o el Creador del oro? ¿Qué se debe atesorar más, las riquezas pasajeras de este mundo o el tesoro eterno de conocer a Dios?

Salmo 89:6-7:

6 Porque, ¿quién en el firmamento se puede comparar al Señor?

¿Quién entre los hijos de los poderosos es como el Señor,

Dios muy temido en el consejo de los santos,

e imponente sobre todos los que están en su derredor?

Grandes tesoros y placeres, alegrías y delicias esperan a quienes disfrutarán de la presencia de Dios para siempre. El Salmo 16:11 dice: "Me darás a conocer la senda de la vida; en tu presencia hay plenitud de gozo; en tu diestra, deleites para siempre”.

Si tan solo pudiéramos aprender esta lección, y aprenderla bien. Nos despertamos cada mañana con una gran manifestación de intereses que compiten por nuestros afectos. El atractivo de este mundo es fuerte y los justos deben luchar para que Dios y solo Dios sea su deleite y satisfacción. La batalla para mantener a nuestro Dios como el tesoro de nuestro corazón y el centro de nuestros afectos es una batalla real que se debe librar todos los días. Debemos pedirle continuamente a Dios que nos proteja de la idolatría y de la envidia que buscan privarlo de nuestros afectos. Nadie puede ser verdaderamente feliz en esta vida si no hace que Dios sea su tesoro en este mundo y su deseo en el mundo venidero.

Nuestra fortaleza y porción

Asaf se había visto confrontado con su propia debilidad. Supo que su corazón era débil. Había llegado hasta el punto de envidiar a quienes son el objeto de la justicia de Dios. Su carne lo había engañado. Solo Dios había evitado que cayera precipitadamente en la blasfemia y en la apostasía. Por consiguiente, Asaf dice: “Dios es la fortaleza de mi corazón y mi porción para siempre”. Si su corazón había de ser fiel y estar enfocado en el tesoro del cielo, solo podía ser así si Dios fortalecía su corazón. Asaf sabía que era débil en su propia carne y por sus propias fuerzas.

Cuando Asaf dice que Dios es su “porción para siempre”, está usando “una expresión figurada que se emplea en las Escrituras para denotar la condición o la suerte con la cual cada hombre se siente satisfecho”.[8] Describía una “parte de algo, porción,

8. Calvin, 156.

asignación, una parte de algo, lo que implica que está asignado".[9] Esta palabra se utilizaba para describir un terreno, una pequeña parcela o una recompensa. La porción de los impíos puede ser el oro, la fama y el poder, pero los justos tienen a Dios. Él es su suerte. Él es su porción.

> Salmo 16:5:
> 5 El Señor es la porción de mi herencia y de mi copa;
> tú sustentas mi suerte.

> Salmo 142:5:
> 5 A ti he clamado, Señor; dije:
> Tú eres mi refugio, mi porción en la tierra de los vivientes.

Esta es una verdad particularmente reconfortante en tiempos difíciles y de angustia, como lo aprendió Jeremías: "El Señor es mi porción —dice mi alma— por eso en Él espero" (Lamentaciones 3:24).

Las riquezas de este mundo jamás podrán brindar contentamiento o satisfacción. Solo Dios es capaz de suplir abundantemente las necesidades más profundas de nuestra alma. El oro podrá defraudar, mas Dios nunca lo hará. Encontramos que "en Él consiste la perfección de nuestra felicidad".[10] Los sabios lo recibirán con gusto como su porción en esta vida.

Un contraste final

Los dos últimos versículos del salmo resumen todo lo que hemos aprendido hasta ahora. Vemos una serie de contrastes finales entre los impíos prósperos y los justos dolientes.

---

9. J. Swanson, *Diccionario de idiomas bíblicos: Hebreo (Antiguo Testamento)* (edición electrónica). Oak Harbor: Logos Research Systems, Inc., 1997.
10. Calvin, 157.

Salmo 73:27-28:

27 Porque he aquí, los que están lejos de ti perecerán;
tú has destruido a todos los que te son infieles.
28 Mas para mí, estar cerca de Dios es mi bien;
en Dios el Señor he puesto mi refugio,
para contar todas tus obras.

En el versículo 27 se describe la agonía de los impíos y en el versículo 28 el himno de los justos. Los impíos están lejos de Dios y los justos están cerca de Él. Los impíos perecerán mientras los justos disfrutan de su refugio. Los impíos son infieles, y los justos declaran fielmente las obras de Dios. Los impíos se niegan a darle la gloria a Dios, los justos no. Los impíos no tienen a Dios, los justos disfrutan de su bondad. Los impíos finalmente perderán su tesoro, los justos jamás lo perderán. Los impíos obtienen oro en esta vida, los justos tienen a Dios. Los impíos pierden su oro cuando mueren, los justos siguen teniendo a Dios. Los impíos viven esta vida separados de Dios y perecen en el mismo estado. Los justos se acercan a Dios y su muerte los acerca aún más a Él. La muerte de los impíos es la separación eterna de la bondad de Dios. La muerte, para los justos, es una cercanía eterna e indivisible con la bondad de Dios.

Aunque parecía que Asaf había terminado de hablar de los impíos y de su destrucción (vv. 18-20), retomó ese tema por última vez aquí al final para mostrar, a modo de comparación, el glorioso tesoro prometido a aquellos a quienes el Padre ama. Al final, los impíos sufren una pérdida y una ruina que son definitivas. Ellos se negaron a deleitarse en Dios, a que Él fuese su tesoro y a recibir Su bondad. Amaban su riqueza, su fama y su poder más que a su Creador. Pensaron erróneamente que la prosperidad que disfrutaban era una muestra de Su ignorancia o de Su aprobación. No podían estar más equivocados. Su fracaso no podría ser más impactante. Cuando perezcan, sufrirán la peor de las pérdidas. Toda razón que tienen para vivir se disipará como un sueño al amanecer. Entrarán al infierno y sufrirán por la eternidad sin ningún tipo de placer, ni alegría, ni deleite. Dios ha prometido su destrucción: "tú has destruido a todos los que te son infieles".

Los justos pueden vivir sus vidas en las circunstancias más exiguas. Pueden sufrir aflicción, persecución y constantes pruebas. Sin embargo, disfrutan y disfrutarán de un bien que desafía la descripción: el Dios infinito y eterno. Estar cerca de Dios es su bien. El bien que disfruta el justo es nada menos que Dios mismo. Los justos también gozan de una prosperidad, pero no es oro. Es Dios. Dios es la prosperidad de los justos. Esa es una prosperidad que la muerte no puede llevarse. Es una prosperidad que tan solo se hace más dulce y cercana con la aflicción. Es una prosperidad que los impíos impenitentes jamás podrán conocer.

Sin duda alguna, David tenía razón cuando declaró en el Salmo 65:4: "Cuán bienaventurado es el que tú escoges, y acercas a ti, para que more en tus atrios. Seremos saciados con el bien de tu casa, tu santo templo".

Los justos disfrutan un bien eterno. Nuestro deleite es un deleite eterno, una satisfacción que jamás acaba.

¡Declarémoslo!

Es interesante que este salmo termine con el compromiso que hace Asaf de declarar las obras de gracia de Dios: "para contar todas tus obras" (v. 28). Asaf nos deja con esta comisión: declarar la vanidad de la prosperidad terrenal y la gloria de la bondad misericordiosa de Dios. Eso mismo es lo que hace Asaf en este salmo. El Salmo 73 fue escrito para declarar la bondad de Dios para con su pueblo.

Asaf comenzó con aquella audaz declaración en el versículo 1: "Ciertamente Dios es bueno para con Israel, para con los puros de corazón". Este salmo se trata completamente de dicha bondad. Asaf ha demostrado que la prosperidad de los impíos no es la bondad de Dios para con ellos, en absoluto. Dios es bueno para con los suyos. Dios es bueno para con su pueblo. La bondad real y duradera no se encuentra ni en la fortuna ni en la riqueza, sino que se encuentra en Dios. Las verdaderas bendiciones no se derraman sobre los rebeldes, sino sobre los justos. Los tratos de Dios con la humanidad no pueden evaluarse solo con el criterio del tiempo. La eternidad determina y redefine los términos de dicha evaluación. Hablemos de estas maravillosas obras.

No debemos ser tímidos para declarar las obras de Dios: todas ellas. TODAS ellas. Asaf no rehuyó hablar de los juicios justos de Dios. Ciertamente fue obra de Dios derramar fortuna y riquezas sobre los impíos. Fue una obra del juicio de Dios. Podemos y debemos declarar eso. Dios ha puesto Su rostro contra los impíos y usará su prosperidad para hacer que su castigo sea más duro y su fracaso más trágico. Esa es Su obra. Debemos declarar eso. Entre las obras de Dios se incluyen la destrucción de Sus enemigos y su humillación absoluta y eterna. Cuando perecen, es por Su mano y Él los arroja a la destrucción. Esa es Su obra. Debemos declararlo.

Asaf no se avergüenza de estas obras. Dios no se avergüenza de estas obras. Nosotros no debemos avergonzarnos de estas obras. Dios obra para la gloria de Su nombre y por el bien de Su pueblo. Que los redimidos cuenten TODAS sus maravillosas obras. Que los impíos presten atención y lo invoquen mientras puedan.

Conclusión

Hemos aprendido mucho de Asaf. Es una lección de una época pasada para los hijos de Dios en cada época. Todas las generaciones necesitan escuchar y aprender la lección del Salmo 73.

Aunque los nombres de los impíos prósperos, el estilo de sus vestimentas y sus métodos para oprimir a los justos puedan cambiar, la verdad del Salmo 73 no lo hace. Cada generación del pueblo de Dios debe escuchar nuevamente que las riquezas de este mundo que tienen acumuladas los impíos no son una muestra del favor y la bendición de Dios. Es una prueba de un juicio catastrófico venidero. ¡Esta es una lección perpetua!

En términos de lo que hemos estudiado en el Salmo 73, nada ha cambiado en 3.500 años desde que Asaf escribió estas palabras. No hay nada nuevo bajo el sol. Hemos estudiado las palabras de este salmo enfocándonos, principalmente, en los impíos de los días de Asaf, pero no ha sido difícil traducir estas verdades a nuestro propio contexto. Es difícil estudiar este salmo sin pensar inmediatamente en personas, empresas, organizaciones o naciones que encajan con las descripciones que Asaf proporcionó sobre los impíos prósperos. Hay impíos prósperos en todas las épocas; muchos.

En nuestros días, tenemos grandes empresas que utilizan sus ingresos para expandir la agenda homosexual, para promover y defender la industria de la matanza de niños, para la espiritualidad de la Nueva Era y para la opresión de los justos. Gastan su dinero para elegir políticos que consagran el mal en la ley y que hacen que la opresión del pueblo de Dios sea algo común y corriente en nuestra tierra.

En nuestros días, tenemos a muchas personas malvadas y prósperas que glorifican la inmoralidad en las pantallas, en la música y por escrito. Solo aumentan sus riquezas. Cuanto más se oponen a Dios y oprimen a Su pueblo, más crece su riqueza e influencia.

Nuestra propia nación, Estados Unidos, se ha convertido rápidamente en una fuerza para la opresión de la verdad y la oposición a la justicia. Somos una tierra llena de personas que están más preocupadas de sus comodidades que de sus convicciones. Vemos una generación más interesada en las riquezas que en la justicia y que está dispuesta a perseguir la injusticia si es que le proporciona riquezas. Mientras más aumentan los malvados en riqueza, más como ellos quieren ser los demás. Esta es la receta para un aumento de impíos prósperos. ¡Abróchense sus cinturones! ¡Nos espera un viaje lleno de baches!

Necesitamos recordar las lecciones del Salmo 73.

¡Ellos no durarán! A través de su riqueza, Dios tiene como propósito lo mismo que con la riqueza de los impíos en los días de Asaf. Los propósitos de Dios no han cambiado. Su perspectiva de la prosperidad no ha cambiado. Su intención de juzgar a los impíos y recompensar a los justos no ha cambiado. La verdad del Salmo 73 no ha cambiado.

Deseo dejarle algunas palabras de otros dos salmos que abordan los mismos asuntos: los salmos 37 y 49.

El Salmo 37 aborda el problema de la prosperidad de los impíos desde un ángulo ligeramente diferente. En el Salmo 37, David se enfoca en las promesas de Dios para los justos en este mundo sin ignorar las bendiciones del mundo venidero. Nos recuerda que las bendiciones temporales de provisión y posterior de Dios les pertenecen propiamente a quienes lo aman a Él. Los impíos florecen por un corto tiempo, y luego serán cortados rápida y repentinamente.

El Salmo 49 trata sobre la necedad de confiar en las riquezas, ya que tanto las riquezas como los impíos pretenciosos que las poseen perecerán rápidamente.

Salmo 37:1-7:
1 No te irrites a causa de los malhechores;
no tengas envidia de los que practican la iniquidad.
2 Porque como la hierba pronto se secarán,
y se marchitarán como la hierba verde.
3 Confía en el Señor, y haz el bien;
habita en la tierra, y cultiva la fidelidad.
4 Pon tu delicia en el Señor,
y Él te dará las peticiones de tu corazón.
5 Encomienda al Señor tu camino,
confía en Él, que Él actuará;
6 hará resplandecer tu justicia como la luz,
y tu derecho como el mediodía.
7 Confía callado en el Señor y espérale con paciencia;
no te irrites a causa del que prospera en su camino,
por el hombre que lleva a cabo sus intrigas.

Salmo 37:38-40:
38 Pero los transgresores serán destruidos a una;
la posteridad de los impíos será exterminada.
39 Mas la salvación de los justos viene del Señor;
Él es su fortaleza en el tiempo de la angustia.
40 El Señor los ayuda y los libra;
los libra de los impíos y los salva,
porque en Él se refugian.

Salmo 49:10-12:
10 Porque él ve que aun los sabios mueren;
el torpe y el necio perecen de igual manera,
y dejan sus riquezas a otros.
11 Su íntimo pensamiento es que sus casas serán eternas,
y sus moradas por todas las generaciones;
y a sus tierras han dado sus nombres.
12 Mas el hombre, en su vanagloria, no permanecerá;
es como las bestias que perecen.

Salmo 49:16-20:
16 No temas cuando alguno se enriquece,
cuando la gloria de su casa aumenta;
17 porque nada se llevará cuando muera,
ni su gloria descenderá con él.
18 Aunque mientras viva, a sí mismo se felicite
(y aunque los hombres te alaben cuando
prosperes),
19 irá a reunirse con la generación de sus padres,
quienes nunca verán la luz.
20 El hombre en su vanagloria, pero sin entendimiento,
es como las bestias que perecen.

Las Escrituras nos aseguran que estos impíos no durarán. Serán juzgados. Su riqueza es la garantía de dicho juicio. Es el primer golpe de la justicia divina. Los impíos se marchitarán como una flor y desaparecerán como el rocío. Los justos permanecerán para siempre y brillarán como el sol por toda la eternidad en la gloria y la felicidad del cielo.

¡Y Dios será glorificado!

Acerca del autor

Jim Osman nació en mayo de 1972 y ha vivido en Sandpoint, Idaho desde que tenía tres años. Se graduó de Sandpoint High School en 1990. Jim llegó a conocer a Cristo a través del ministerio del Campamento Bíblico de Cocolalla Lake en el verano de 1987. Kootenai Community Church siempre ha sido su iglesia local, y siempre ha asistido a la escuela dominical, la escuela bíblica de vacaciones y al grupo de jóvenes.

Después de graduarse de la secundaria, Jim asistió al Millar College of the Bible en Pambrun, Saskatchewan. Fue ahí donde Jim conoció a su futura esposa, Diedre, quien también se matriculó como estudiante. Jim se graduó con un diploma de tres años en abril de 1993 y se casó con Diedre en agosto de ese mismo año. Regresó a Millar para continuar con su educación en septiembre de 1994 y se graduó del programa de pasantías de cuarto año con una Licenciatura en Ministerios Estratégicos en abril de 1995. Fue incluido en la Sociedad de Honor de la *Association of Canadian Bible Colleges* y fue nombrado miembro de Pi Alpha Mu.

Jim y Diedre regresaron a Sandpoint, donde Jim comenzó a trabajar en construcción como techador hasta que se le pidió que asumiera el cargo de predicador de Kootenai Community Church en diciembre de 1996. Ahora considera que es su mayor privilegio participar del ministerio en la iglesia que lo ministró durante tantos años. Es el autor de *Truth or Territory: A Biblical Approach to Spiritual Warfare* y *Selling the Stairway to Heaven: Critiquing the Claims of Heaven Tourists*. Puede seguir su predicación (disponible solamente en inglés) en el sitio web de Kootenai Community Church y sus escritos en truthorterritory.com.

A Jim le encanta estar al aire libre, ya sea acampando, cazando o trabajando en su jardín. Le gusta andar en bicicleta y ver el fútbol americano, especialmente a su equipo favorito, los San Francisco 49ers, a quienes ha animado desde la infancia. Jim y Diedre tienen cuatro hijos: Taryn, Shepley, Ayden y Liam. ¡Todos son fanáticos de los 49ers!

Puede comunicarse con Jim a través de la página web de Kootenai Community Church (http://www.kootenaichurch.org) o escribiéndole a jimcosman@truthorterritory.com.

www.ingramcontent.com/pod-product-compliance
Lightning Source LLC
LaVergne TN
LVHW051551080426
835510LV00020B/2946
* 9 7 8 0 9 9 8 4 5 5 0 1 3 *